KB164922

잠자는 순간에도 돈이 들어오는 특별한 영업 노하우

슈퍼리치
영업의 기술

잠자는 순간에도 돈이 들어오는 특별한 영업 노하우

슈퍼리치

영업의 기술

심길후 지음

자동 영업시스템 구축을 통해 돈 부자, 시간 부자로 이끄는
영업인, 자영업자에 특화된 부의 추월차선

나비의 활주로

CONTENTS

영업으로 슈러리치의 꿈, 누구나 이룰 수 있습니다

'내가 지금 하는 일은 과연 앞으로도 계속할 수 있을까?'

'아, 이제는 내가 좋아하는 일, 잘할 수 있는 일을 찾고 싶은데.'

'나한테 맞는 일을 찾아서, 한 번 제대로 시작해 보면 좋을 것 같은데, 어떤 것을 해야 할까?'

이런 고민을 하면서 오늘 하루도 무조건 열심히만 살아가고 계시진 않나요? 혼자서 계속 고민은 해보지만, 그에 대한 답은 나오지 않고 쳇바퀴처럼 돌아가는 하루하루를 살아가고 있다면 이 책을 잘 펼치셨습니다.

많은 분들이 '제대로 된 아이템만 있다면 나만의 일을 찾아서, 보란 듯이 잘해내고 싶은데'라고 생각합니다. 하지만 그게 참 쉽지가 않지요. 당장 생계를 해결하느라, 어쩔 수 없이 당장 닥친 일을 열심히 하면서 오늘을 살아냅니다. 이렇게 가다가는 뻔한 미래가 되리라는 것을 알면서도 방법을 몰라 막막하진 않으신지요?

하지만 약간의 발상의 전환만 있다면, 그리고 그것을 믿고 우직하게 해나갈 수만 있다면 부의 추월 차선에 올라타는 일은 그 어느 시대

보다 가능성이 크다고 자신합니다. 특히 제가 지난 10여 년 동안 해 온 일이 바로 '많은 이의 편견이라는 단단한 껍데기를 깨뜨리는 것'이 었기 때문입니다. 지금까지 10여 년 동안 서로 다른 환경의 각기 다 른 사연을 안고 찾아왔던 사람의 풀이 죽은 어깨와 스스로 해결하 지 못한 고민 탓에 굳은 표정들이 컨설팅과 교육을 통해서 각 분야에 서 슈퍼리치가 되어 성장하는 모습을 지켜보면서 큰 보람을 느껴왔 습니다.

이 책에서 저는 그동안 지금까지 '누구나 따라 하기만 하면 성공 할 수 있다'고 확신하는 성공의 비밀을 담았습니다. 사업이나 비즈 니스와는 무관한 분들이라도 자신의 주어진 상황에서 얼마든지 더 욱 나은 성과를 위해 적용할 수 있습니다.

지금부터 제가 확신하고 나의 멘티들이 직접 경험한 성공의 법칙 을 공개하려 합니다. 그리고 이를 이 책에서는 특별히 '신기루의 법칙' 이라고 표현하였습니다. 이는 슈퍼리치가 되는 하나의 이정표로, 어 떤 상황에 처해 있든지 원래 가고자 하는 목표를 향해 방황하지 않 고 정확한 방향으로 나아갈 수 있게 해줄 것입니다. 부디 자신만의 인 생템과 영업시스템 구축으로 자동으로 수익을 내어 돈과 시간에 서 모두 자유로운 슈퍼리치의 대열에 합류하시길 기원합니다.

심길후

신기루의 법칙 실천으로 실제 슈퍼리치가 된 이들

당신이 현재 하는 일을 자신만의 독특한 방법으로 바꾸어 좀 더 쉽게 매출이 오르게 할 수 있거나, 혹은 나만의 아이템을 개발하고, 많은 시간을 쓰지 않아도 작동하는 시스템이 만들어진다면 당신의 하루하루는 어떤 모습일까요?

부유하게 살며 시간도 넉넉하고 가족들과 함께 편안하고 행복한 미래를 그리며, 즐겁게 시간을 보내게 될 것입니다. 그런데 현재 우리가 돈에 힘들고, 시간에 허덕이며 살아가는 진짜 이유는 무엇일까요?

"더는 찾아갈 고객이 없어서, 상품을 팔지 못하고 있는 것일까요?"

"고객을 만나도 말을 잘 못 해서 매출이 나오지 않나요?"

"매장 위치가 별로 좋지 않기 때문에, 손님이 안 오나요?"

"요즘 남들 다 한다는 마케팅을 내가 잘 못 하기 때문이라고 생각하시나요?"

이유를 찾자면 한둘이 아닐 것 같습니다. 도대체 이런 안 좋은 상황은 진짜로 왜 생겨나는 것일까요? 아마도 그것은 어디에서나 볼 수 있으며, 가격 경쟁에 늘 시달릴 수밖에 없는 상품이나 설령 똑같은 상품은 없다손 쳐도, 결국 경쟁하는 비슷한 상품에 의해서 늘 고생할 수밖에 없는 상황 때문이 아닐까요?

남들이 다 파는 상품, 어떤 형태로든 늘 비교가 되고 경쟁을 해야만 하는 아이템!

이것을 우리가 가진 근본 문제점이라고 생각해 본다면, 나만의 아이템! 내가 했을 때, 좀 더 유리한 아이템! 내가 더 잘할 수 있고, 전문성이 있는 아이템! 남들이 따라 할 이유가 없고, 따라 해도 내가 이길 수 있는 아이템! 꾸준히 오래 했을 때, 오히려 점점 유리해지는 나의 힘이 쌓이는 아이템!

이런 아이템으로 현재의 일을 살짝 바꿔보면 어떨까요? 무턱대고 현재 당신이 하는 일을 바꾸라는 이야기가 아닙니다. 단지 '내가 가진 재능과 내가 살아온 그동안의 이야기, 내가 대표할 수 있는 상징성, 나와 함께할 수 있는 고객들과의 동질성, 내가 앞으로 하고 싶은 주제, 내가 했을 때 더욱 어울리는 일, 내가 자신감을 느끼고 잘할 수 있는 일, 나의 숨겨진 재능과 역량을 찾아내어, 현재 일을 좀 더 잘 될 수밖에 없는 자연스러운 앞으로 내 인생의 설계도를 짜 보고, 그것에 맞게 하나씩 성공해 나간다는 것입니다.

저는 2004년부터 20대 창업커뮤니티를 만들고, 창업가, 영업인들의 커뮤니티를 운영해가며 새로운 시작을 하고자 하는 영업인들, 예비 창업가 분들, 자영업자, 소상공인 분들을 위한 상담제 업체를 설립하여 위와 같은 고민을 겪고 있던 수많은 1인 기업들의 아이템을 나만의 아이템으로 발전시켜왔습니다. 그리고 돈과 시간으로부터 자유롭게 살아갈 수 있는 나만의 시스템을 구축하게 하여 이전과는 180도 다른 성장하고 발전하는 삶을 살아갈 수 있도록 도움을 주려 노력해 온 지 벌써 17년째가 되었습니다.

그동안 많은 분을 도와드리며 발전하는 모습들을 지켜보면서, 어떻게 나만의 아이템을 만드는지, 그리고 아이템을 만든 후에는 어떻게 사업을 키우는지, 그 성장의 단계 단계마다 어떤 요소들이 필요하고, 어떻게 미리 준비해야 하는지, 어려움이 찾아오는 것을 어떻게 예방하고, 문제에 직면하면 어떤 대처를 해야 하는지 등을 체득했습니다. 이러한 새로운 나만의 사업 탄생과 성장, 그리고 지속적인 발전이 있을 수 있게 하는 시스템 마련까지 다양한 사례를 보고, 참여해 보면서, 핵심 원리를 엿볼 수 있게 되었습니다.

이 책의 이야기는 대학교에서 학생들에게 가르치는 경영학 같은 학문이나 사업을 크게 하는 기업들을 대상으로 하는 그러한 이론도 아닙니다. 세계 최고의 석학들이나, 위대한 경영자들의 이야기하고는 동떨어진 이야기일 수도 있습니다.

단지, 내 일을 시작하는 데에서, 큰 자본금을 들일 여력이 안 되는 상황, 현재 독보적인 나만의 아이템을 갖고 있지 않고 경쟁에 시달리는 상황, 한 분야의 전문 기술, 특허, 정보 등 나만의 전문성이 있다고 볼 수 없는 상황, 수월하게 사업을 할 수 있는 나름의 배경과 인맥이 갖춰지지 않은 혼자인 상황, 내가 뭔가를 구해오면 대신 풀어줄 수 있는 유통과 조직이 준비되지 않은 상황을 고려합니다. 이런 상황에서 어떻게 하면 나만의 아이템과 나만의 시장에서, 나를 중심으로 한 시스템을 만들어서 유유자적하고 편안하게 앞으로 나아갈 수 있는지에 대한 이야기입니다!

애견훈련소를 운영하던 자영업자인 한 분이 있었습니다. 누구나 마음먹으면 차릴 수 있는, 진입장벽이 낮은 사업을 하며, 잊힐 만하면 생겨나는 경쟁사업체에 의한 스트레스, 많은 광고비 지출, 고객 상담에 대한 애로사항 등 다양한 문제로 미래를 고심하던 20대의 청년이었습니다. 그분의 현재 모습은 이미 너무나도 유명한 사람이 되어서, 우리 앞에 대통령이라는 이름으로 TV에서 자주 볼 수 있는 사람이 되어 있지요. 아울러 교육 사업, 인터넷 강의 판매, 용품 판매, CF 촬영, 저자, 유튜버, 애견호텔 운영 등 다양한 사업을 동시다발적으로 운영하며 예전보다 매우 성공한 삶을 달리고 있습니다.

자, 그러면 또 다른 유명한 스타 한 분을 소개합니다. 이 분은 제대를 하자마자 저를 찾아오신 분입니다. 현재 사업을 일곱 가지를 하고 있노라며, 이런저런 설명을 해 주셨던 그때의 풋풋한 모습이 기억납니다. 열정적으로 조언을 구하던 그때의 멋진 모습이 있었기에, 현재 지금의 아들 전문가 최민준 소장이 있게 된 것이 아닐까 싶습니다. 취업이 되지 않아서 방문 미술 과외를 하고 있다는 이야기를 들으면서, 이 사업에 관해 이야기를 하고, 어떻게 좀 더 잘 살릴 수 있을지 등을 고민해 가며, 현재 사업의 초기 형태인, 남자아이 전문 미술학원이 생기게 되었습니다.

체인 가맹 사업 진출과 SNS 운영을 통한 잠재고객 풀 확보, 학원 원장님 대상 컨설팅 사업, 앱을 통한 공동구매 판매 사업, 나아가서는 아들을 위한 여러 가지 상품 개발 및 판매업 등 다양한 아이템으로 사업이 확장되어 가며, 누가 뭐래도 이제는 반듯하게 자리 잡은 스타 CEO가 되었습니다. 그 또한 방문 미술 과외에서 만족하고 소소하게 자영업자로 사는 삶을 살고 발전적 미래를 꿈꾸지 않고, 현 상황에 안주하고 새로운 시도를 하지 않았다면 과연 어떠했을까요?

한 분만 더 살펴볼까요? 이 분은 저를 처음 만났을 당시에는 자수성가해 보겠노라며, 멀쩡히 살고 있던 집을 나와 강남의 한 고시원에서 거주하며, 하루하루를 도전 속에서 보내던 분이었습니다. 그런데, 뜨거운 열정만으로는 한계가 있었을까요? 밤낮 가리지 않고, 주말도 쉬지 않고 한 달 내내, 온종일 열심히 일해 본들, 그 수익의 최대치는 700만 원이었다고 합니다. 그러던 중 저를 만나게 되셨지요. 하지만 2019년 11월, 강남 아파트를 무료로 준다는 유튜브 내의 이벤트를 열어서 한창 화제가 되었던 황준석 소장은 단순한 부동산 상담 실장에서 벗어나 부동산이라는 영역에서 큰 획을 긋는 멋진 사업가로 활동하고 있습니다.

부동산 투자에 관심이 있는 분들을 대상으로 하는 커뮤니티와 건축을 하는 회사, 임대관리를 하는 회사, 투자교육의 플랫폼 사업체를 운영하고 있으며, 나아가서는 부동산 투자 은행을 설립하고자 하는 목표를 갖고, 현재 이 시간에도 열정적으로 사업을 크게 키우고 있습니다. 현재 신축 중인 역삼역 사거리에 10층짜리 빌딩도 이 분이 짓고 있는 것입니다.

이들뿐만이 아닙니다. 다양한 분야에서 여러분들이 자그마한 방향 전환과 그에 필요한 비결을 내 것으로 만들어서 아래와 같은 삶을 누리고 있습니다.

- 공인 중개사 사무실을 운영하면서, 일에 치이고 시간상으로 너무 힘들고 건강에도 적신호가 올 무렵 협회를 알게 되고, 월 2억 원 순수익 돌파, 유명한 저자이자, 부동산 여왕으로 불리게 되신 부동산 업계의 이나금 사장님

- 가족과 함께 화장품 부자재 공장을 운영하시면서, 반년 만에 순수익 2억 원을 돌파하였고 계속해서 빵빵 터지고 계신다는 젊은 김준환 사장님

- 창고관리 직원 월급 200만 원에서 이제 월 2000만 원을 꾸준히 버는 초보티 깔끔하게 벗은 중고차 딜러 김상원 사장님

- 일하는 시간은 8시간이나 줄어들었고, 월 순수익은 6배 증가! 프랜차이즈 피부관리실 중 전국 1등 가게가 되고, 이제는 내 이름으로 된 새로운 프랜차이즈 사업과 제품 제조까지 시작하여 승승장구하시는 이선영 사장님

- 매일 힘들게 막 TM을 하던 영업방식에서 벗어나, 안정적인 마케팅과 영업 프로세스로 순수익 월 1억 돌파! 그리고 이제는 방송국에서까지 출연 섭외가 들어오

는 CCTV 유통업 김현진 사장님

- 가게를 여러 개 운영하면서 직원관리에 대한 어려움과 이런저런 비용의 급상승으로 사업이 어려웠으나, 이제는 예전의 두 배의 규모로 가게도 늘어나고, 월 2억 원의 순수익을 돌파하신 권시영 원장님

- 자동차 정비공장을 운영하는 매형 밑에서 일을 배우시면서 급기야 협회에 온 지 반 년 만에 월 순수익 1억 원을 돌파하였고 이제는 거액의 투자 유치에 중국까지 진출해서 사업을 급속도로 성장시키고 계신 이해군 사장님

- 헌책방을 운영하시다가 불경기로 폐업하고, 건강식품 영업을 시작하셨는데, 협회를 만나 예전의 경험을 살려 새로운 창업아이템을 기획하여 딸과 함께 자그마한 사업체를 시작하여 순수익이 적게는 3천 많게는 월 1억 원 가까이 벌고 계시는 중년의 여성 최선옥 사장님

- 이른 나이에 결혼하여 젊은 20대 초반의 딸 둘의 엄마로서, 가정에 보탬이 되고자 집에서 이런저런 일들을 많이 하였으나 큰돈이 되지 않고 노력만 많이 하던 예전에서 벗어나, 이제는 본인과 비슷한 상황에 부닥쳐있던 분들에게 아주 큰 도움이 되는 훌륭한 멘토로 성장하여 재택부업계의 일인자로 우뚝 서신 안혜진 사장님

- 월급 받던 직장인 생활 청산하신 지 반년도 되지 않아서 월 순수익 3000만 원을 돌파하신 경영 컨설팅 전문가 서유석 사장님

- 멈추지 않는 순수익 돌파! 월 1000만 원은 당연, 월 2000만 원은 너끈, 월 3000만 원도 가볍게 가능한 1인 피부관리실의 전설, 이제는 곧 체인사업도 시작된다고 하시는 강은진 사장님

- 똑같은 숫자의 손님과 상담해도 이제는 매출이 8배가 나오고, 직영점을 여

러 개 더 늘린 후 이제는 권리금 장사까지 톡톡히 하고 계신 두피 숍, 타이 마사

지 숍의 백경민 사장님

하나하나 열거하기에는 우리와 함께 성장해 오신 분들이 너무
나도 많습니다. 그분들의 공통점은 바로, 그동안 열심히 해 오셨지
만, 늘 바쁘기만 하고, 큰돈은 되지 않고 계속 열심히 해야만 하는 상
황입니다. 그리고 그 열정의 방향을 좀 더 효율적으로, 발전적인 방향
으로 바꾸어 드리고, 조언을 해 드리며 함께 한 결과 정말 국내에서 유
명한 분들, 각 업계에서 두각을 드러내는, 훌륭한 분으로 성장하고 효
율적인 사업체로 발전하게 되었습니다.

그분들이 특별해서, 너무 뛰어난 능력이 이미 있었기 때문에, 그
렇게 되었던 것은 아닙니다! 제대로 된 방법을 익히려는 열정, 도전
하려는 의지, 끝까지 해내려는 뚝심이 있었기 때문이라고 생각합니
다. 이 책을 읽으실 분들도 마찬가지로 그러한 방법을 알고 자신의 것
으로 만들어 갈 수 있다면, 반드시 기적과도 같은 일을 만들어 내어 인
생 역전이 가능합니다!

사막에서 만나는 신기루처럼 '할 수 있다'는 희망은 성공으로 이끌 수
있지만, 그것만으로는 부족합니다. 사막에서 조난한 사람이 그곳을 성
공적으로 탈출하기 위해서는 '벗어날 수 있다'는 희망과 함께 정확
한 방향으로 나아가는 올바른 방향성이 필요합니다. 그것이 슈퍼리치
로 이끄는 신기루의 법칙이 말하는 성공의 비밀입니다.

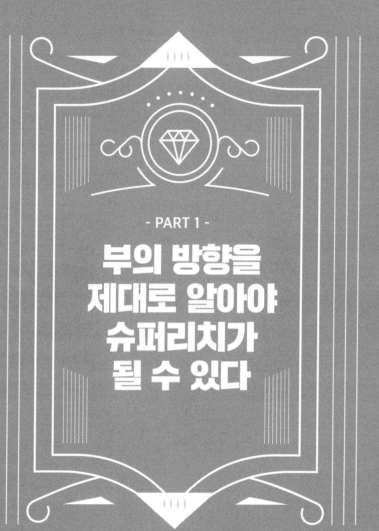

- PART 1 -

부의 방향을
제대로 알아야
슈퍼리치가
될 수 있다

CHAPTER 1

슈퍼리치로 이끄는
성공의 방향은 따로 있다

성공을 꿈꾸는 이라면 대부분 닮고 싶은 누군가가 있다. 이를테면 롤모델Role Model이라고 할 수 있다. '저 사람은 대단한 성공을 이뤘다네. 좋겠다. 나도 저 사람처럼 돼야지'라는 동기부여를 일으키게 만드는 대상이다. 보통 회사에서 연말연시가 되면 이런 저런 행사를 하는데 그중에서 빠질 수 없는 것이 올해의 무슨 상 수상자 발표이다. 이를테면 올해의 판매왕, 개척왕 같은 행사말이다.

이름이야 제각각 달라도 내용은 거의 대동소이하다. 대단한 누군가 나와서 '내가 이러이러한 난관을 극복하고 열심히 했기 때문에 이런 성과를 거두게 됐다. 누구에게 감사하고 회사에도 감사하며 신에게도 감사하다' 대충 익히 들어본 이야기를 한다. 그리고는 회사도 이런 성공사례, 세일즈왕의 성공 소감 등을 들려주며 결국은 '당신들도 노력하면 이렇게 잘 될 수 있습니다'라는 동기 부여하는 말을 끝으로 행사는 끝난다.

그런데 이런 수상자들이 털어놓는 성공의 비결이 현실에서는 거의 소용이 없는 것이거나 아니면 특정한 개인에게나 가능하다는 문제가 있다. 그래서 들으나 마나 한 얘기가 되기 십상이다. 이를테면 절친하게 지내는 사람이 수만 명의 직원을 거느리고 있는 큰 기업의 CEO여서 한방에 몇 천 건의 계약을 성사시켰다는 실제 상황에 기반을 둔 얘기를 듣게 되면 '당신 친구가 사장이니까 가능하지 그게 성공의 비결이라고요?'라고 냉소적인 생각이 들어버린다. 그런데도 해마다 영업과 매출을 강조하는 회사라는 조직은 늘 이런 낡은 행사를 반복하고 직원들을 '당신들도 할 수 있습니다. 최선을 다해보세요. 파이팅!' 이라고 등을 떠밀 뿐이다.

혹은 대단한 성과를 낸 사람의 노하우를 들어보기 위해서 워크숍이나 세미나 등에 참석해도 마음에 와닿는 것이 없다. 도대체 비법이라는 게 뭔가 싶을 정도로 대단한 것을 알려주는 사람은 없었을 것이다. 1년 동안 구두를 20켤레나 바꿔 신을 정도로 열심히 돌아다녔다는 성공담은 듣는 사람에게 아무런 감흥도 일으키지 못한 지 이미 오래다. '밑져야 본전이지'라는 담담한 마음으로 고객들의 경조사를 열심히 챙겨도 봤고 거절도 숱하게 당했지만 나아지는 것도 없고, 달라지는 것도 없다. 계속되는 거절 때문에 낙담하고 절망에 빠져드는 게 솔직한 현실이다. 그렇지 않았는가?

열 번 찍어 넘어가지 않는 나무가 없다고 생각했는데 도끼로 열 번을 찍었는데에도 나무가 넘어가지 않는다면 그건 방법이 잘못됐거나 나무가 너무 크거나 너무 단단해서 다른 도구가 필요한 상황이다. 그런데 이렇게 뻔히 알고, 숱하게 겪어왔을 상황이 반복되며 계속되고 있는 데에도 무언가 변화를 꾀하려 하지 않는다는 것이 오히려 이상한 일이 아닐까?

우리나라는 이미 세계 10위권의 경제 규모를 지닌 저력 있는 국가이다. 당연히 국민의 수준도 그에 걸맞은 위치까지 높아졌다. 이 말은 비즈니스라는 것이 값이 싸기 때문에, 혹은 내가 열심히만 하면 성공할 수 있는 낮은 수준이 아니라는 뜻이다. 그런데도 오히려 비즈니스 현장에서 뛰고 있는 사람들이 그것을 놓치고 있는 경우가 빈번하다.

커피 한 잔을 앞에 놓고 찬찬히 생각해보자. 과연 열심히 하지 않기 때문에 거절당하고 제안이 무시당하고, 당신이 열심히 작성한 발표 자료가 휴지통으로 들어갈까? 간신히 미팅 일정을 잡았는데 왜 당일만 되면 마침 긴급한 사정이 생길까? 열심히 했는데에도 성과가 나오지 않는다면 방향이 틀렸거나 방법이 잘못됐기 때문이다. 여기서 말하고자 하는 핵심 메시지도 그것이다. 방향과 방법에 대한 새로운 시각이다.

성공을 원하지만 계속되는 시도가 번번이 실패로 돌아가고 성과를 좀처럼 얻지 못한다면 당신은 우선하던 일을 곰곰이 생각해봐야 한다. 지금 이 방향이 맞나? 이렇게 하는 게 효과적인가?

경쟁 제품과 서비스가 넘쳐 나는 세상을 직시하라

새로운 발상에 놀라지 마라, 다수가 받아들이지 않는다고 해서
더는 진실이 아니지는 않다는 것을 잘 알지 않는가.
바뤼흐 스피노자

•
•
•

"세상이 완전히 바뀌었습니다. 그걸 명심하셔야 해요."

늘 멘티들에게 이렇게 말한다. 세상이 정말로 변했다면 그 안에 있는 모든 것들도 변화할 수밖에 없다는 의미이다. 평균 기온이 조금만 바뀌어도 지구 전체가 완전히 바뀐다고들 하지 않는가.

예전처럼 발에 땀이 나도록 열심히만 하면 처음에 바라던 성과를 얻을 수 있는 그런 낭만적인 세상이 아닌 것은 이미 세상이 완전히 달라졌다는 것을 보여주는 사례일 뿐이다. 내가 무언가를 고객들에게 소개하고 설명하더라도 고객들은 이미 인터넷을 통해서 얻은 정보로 당신보다 더 많이 알고 있을지도 모르고, 매번 주위에 마침 그쪽 일하는 지인이 있게 마련이다. 고객이 예전의 그 고객이 아니다.

좋은 조건을 제시하면 반응이 오고, 눈도장을 자주 찍다 보면 어느

순간에는 마음을 열어주는 그런 사람들은 이젠 없다. 이제는 고객이라는 존재를 과거처럼 막연하게 생각해서는 안 된다. 영업환경이 완전히 달라졌다. 세상이 완전히 변한 것처럼 고객들도 아주 많이 엄청나게 바뀌었다. 이런 사실을 제대로 준비하지 못하면 제아무리 열심히 일한다고 해도 성과는 나올 수가 없다.

그러나 이렇게 나를 둘러싼 상황이 이토록 변화했음에도 대부분은 예전과 다름없이 일한다. 이를테면 일가친척이나 동창, 군대 선후배 등의 별의별 인연을 다 찾아다니며 하는 소위 연고 판매를 하는 것이다. 비즈니스의 어느 분야에나 큰 결심을 하고 뛰어든 새내기들이 처음에는 성과가 좋게 마련이다. 하지만 이런 형태의 판매도 얼마 지나지 않으면 결국 '더 찾아가 만날 사람이 없다'라는 상황을 만나게 된다.

그렇다고 아무나 만나보자는 생각으로 지도를 들고 '오늘은 이 구역, 내일은 저 구역을 돌아야지' 하는 식의 비즈니스를 백날 해봐도 원하는 결과는 나올 수가 없다. 무작정 돌아다니며 문을 두드린다고 해서 돌방_{돌아다니며 방문 판매한다는 은어}이라고 부르는 세일즈 행태도 그런 절박한 상황에서 나름의 고육지책으로 나온 방법론이다.

그런데 아무리 돌방을 열심히 해도 안 된다. 혹자들은 '거절에 익숙해져라'라고 말하지만, 솔직히 그게 과연 익숙해질 수 있는 것일까? 상담하다 보면 "그래도 열심히 하면 되지 않을까요?"라고 풀이 잔뜩 죽은 목소리로 나에게 되묻는 분들이 더러 계신다.

그러면 "정말 그렇게 믿으세요?"라고 되물으면 "아니요"라며 말하며 목소리가 더 기어들어 간다. 방향이 잘못되었다는 사실을 모른다는 데 더 안타까웠다.

　비즈니스는 실적에 따른 보상이 확실한 분야이기 때문에 지금 이 순간에도 적지 않은 사람들이 성공을 기대하며 뛰어들고 있지만 한편 그에 못지않은 많은 이들이 실패라는 쓰린 경험을 한 채 현장을 떠난다. 열심히는 했지만, 성과가 나오지 않기 때문에 대부분은 '나는 이 일에 소질이 없나 봐, 적성에 맞지 않아'라고들 한다. 하지만 나는 분명하게 말해 줄 수 있다. 그렇지 않다.

　그렇다면 세상이 어떻게 바뀌었는지에 대해 오랜 지인의 짧은 이야기를 통해서 생각해 보도록 하자. 그 애기를 들으면서 문득 '아, 정말로 그럴 수도 있겠구나' 하였는데 아마 당신에게도 생각할 무언가를 전해줄 것이다.

　갖은 고생을 하다 성공을 하게 된 지인은 어느 정도 사업이 궤도에 오르면서 마음의 여유가 좀 생겼단다. 평생 검소하게만 사셨던 어머님께 백화점에서 이탈리아 G 브랜드의 명품가방을 사고는 곧장 부모님 댁으로 간 지인은 '어머, 이거 되게 비싼 건데'라는 형수의 얼굴에 부럽다는 표정이 역력한 걸 보고는 '잘 샀구나' 싶었더란다. 물론 어머님께서도 '돈 아껴서 써야지'라고는 하셨지만 내심 너무나 좋아하시더란다.

그런데 희한한 일이 얼마 지나지 않아서 일어났다. 동창 모임, 계모임 등에서 '이거 우리 막내가 사업 성공해서 사준 거야'라면서 은근슬쩍 G사 핸드백 자랑을 하시던 어머님께서 일절 바깥출입을 끊으셨더란다. 알고 보니 모임에서 만나는 사람들이 대부분 그 가방을 하나씩은 갖고 있더라는 것이다.

세상이 어떻게 변화했는가에 대해서 말하다가 난데없이 지인 어머님의 G 브랜드 핸드백을 이야기하는 이유는 우리가 비즈니스를 하건 직업을 얻기 위한 구직 활동을 하건 맞닥뜨리게 되는 상황을 설명하기 위해서이다. 한번 곰곰이 생각해보자. 그 전에는 거의 팔리지 않았던 G 브랜드 핸드백이 지인이 구매하자 난데없이 불티나게 팔렸을까? 아마 그렇지는 않을 것이다.

그럼 갑자기 눈에 많이 띈 이유는 과연 무엇이었을까? 그건 이전에는 관심이 없었기 때문이다. 마음이 없으면 보아도 보이지 않는다는 옛 말씀이 문득 떠올랐다.

비즈니스 현장이나 이력서를 내는 상황도 이와 별반 다르지 않다. 이를테면 요즘 유망 사업이라고 언론에서 연일 소개되는 O2O 플랫폼 소프트웨어를 판매하는 기업의 비즈니스맨이라고 가정해보자. 실력 있는 엔지니어가 CEO인 덕분에 기술력 하나는 탁월하다는 평판을 받아서 자신만만하게 마케팅 현장에 나갔다. 그런데 이 사람이 맞닥뜨리게 될 상황은 과연 무엇일까? '무슨 O2O 소프트웨어가 이렇게나 많아?'라고 할 것이다.

자동차를 팔기 위해서 오랜만에 모교를 찾았더니 은사님께서 '몇 반 누구도 가져왔더라'며 내가 가져온 최신 자동차의 팸플릿을 먼저 꺼내실 수도 있다. 보험 영업이라고 다르지 않을 것이다. 아마 대부분의 경우에 '아니 보험 영업하는 사람이 내 주위에 이렇게나 많았어?' 하고 깜짝 놀라게 된다.

　그동안 관심을 두고 있지 않아서 혹은 전해 들은 근황을 흘려들었기 때문에 잊고 있었던 것이겠지만, 이미 무엇을 하든 그 분야에는 수많은 경쟁자가 있다. 그중에도 적지 않은 지인들이 바로 당신과 똑같은 일을 하고 있다. 이것이 현장이다. 예전처럼 팸플릿만 가져가면 '몇 개 가져다 달라'라거나 처음에는 별로 관심 없어 해도 몇 번 찾아가 안면을 트고 친분이 쌓이면 '주문할게' 하는 낭만적인 현실은 벌써 사라져버렸다. 게다가 더 큰 문제는 시장에는 이미 내가 비즈니스 하려는 것보다 품질이 더 좋거나 가격 조건이 훌륭한 경쟁 제품과 서비스가 넘쳐난다. 그래서 영업활동과 비즈니스가 어렵고 당신은 힘든 것이다.

바꾸려는 용기가
슈퍼리치의 첫걸음

완벽이 아닌 성공을 목표로 하라. 틀릴 권리를 절대 포기하지 마라.
그러면 살면서 새로운 것을 배워 앞으로 나아갈 능력을 잃기 때문이다.

데이비드 M. 번스

그런데 문제는 이렇게 완전히 세상이 변했다는 사실을 깨달았어도 예전의 모습과 행동을 바꾸려 하지 않는 데 있다. 고속도로를 빠져나오기 위해서 거쳐야 하는 통행료 징수소에서 흔히 볼 수 있는 광경이 있다. 분명히 옆에도 빈 요금소가 있는데 유독 한 요금소에 여러 대의 차가 밀려 있다. 그냥 옆 요금소로 가면 곧장 빠져나갈 수 있는데 굳이 다른 차가 기다리고 있는 뒤에 가서 차를 대고 기다린다. 도무지 까닭을 모를 일이지만 비즈니스나 사회의 여러 현장에서도 이와 비슷한 일이 계속된다.

종종 '왜 대학을 다니시다가 그만두셨어요?'라는 질문을 받곤 한다. 고려대학교 일문과 99학번인 나는 사실 졸업장이 없다. 휴학하고 장사에 뛰어들어 시기를 놓쳐서 졸업하지 못했다. 설명하자면 졸업장을 따기 위해서 4년을 캠퍼스에서 보낼 만한 이유를 발견하지 못해서 휴학하고 장사를 시작했던 것이고, 장사를 사업으로 키워내는 데에 보람과 성과가 나와서 군이 학교로 돌아가 졸업을 할 필요성을 느끼지 못했다.

'만약 내가 사업을 하지 않고 보통의 학생들처럼 졸업했었더라면 어땠을까?' 하는 생각을 아주 가끔 해보기도 한다. 아마 좋은 토익점수를 따기 위해서 학원에 다니면서 영어공부를 했을 것이다. 900점이 넘는 좋은 점수를 받았더라도 실제 회화 능력과는 별로 상관도 없을 테지만, 남들이 다 가진 스펙이기 때문에 어쩔 수 없어서라도 학원에 다니며 토익시험을 봤을 테고 대기업 취업에 유리한 고 학점을 받기 위해서 재수강 삼수강을 하는 과목도 있었을 것이다. 응원단에 빠져 지내던 학창시절이었으니까 그럴지도 모른다.

그때에는 그렇게 해도 취업을 하는데 지금처럼 크게 어려움을 겪지는 않았을 것이다. 하지만 지금의 사정은 완전히 다른 모양이다. '문송합니다'라는 서글픈 말은 '문과라서 죄송합니다'라는 뜻이라는데, 나 같은 일문과 학생이면 제아무리 명문대라도 취업이 어렵다고 한다. IMF와 금융위기로 인한 경기 침체 등의 여파로 취업 시장도 크게 변했다. 이렇게 취업환경이 달라졌으면 뭔가 다른 대응이 필요한데도 학생 대부분은 예전과 다름없는 행동을 하고 있어 안타깝다. 학점을 더 높이고, 더 많은 스펙을 쌓기 위해서 봉사활동을 하고 어학연수를 다녀오고 토익점수를 높이고 각종 공모전 입상을 위해 땀을 흘리다니.

그렇다 한들 정작 채용하는 입장은 기업에서는 '취업용 높은 자격 조건은 입사에 별로 도움이 되지 않는다'라고 조언해도 학생들의 준비는 그다지 달라지지 않는다. 아마 남들과 다른 길을 걷는다면 느껴지는 두려움이 큰가 보다. 또 마땅한 대안을 찾기도 쉽지 않아서 일 것이다. 변화의 필요성을 느낀다 해도 방법을 모르니 알아도 할 수 없어서 하던 대로 하나 보다. 물론 변화의 방향을 읽는다 해도 그것을 향해 나아가기도 쉽지 않다. 나라고 그것을 모르는 바는 아니다.

답답한 현실을 타개해 보기 위해서 찾아오시는 분들에게 가끔 단호하게 질책하는 경우도 있다. '그렇게 하면 안 됩니다'라고 잘라 말하면 깜짝 놀라고 또 대부분은 표정이 일그러진다. 하지만 '여기에 치유하러 오신 것은 아니지 않습니까?'라고 차분히 설명해드리면 고개를 끄덕이며 수긍하신다. 과거로부터 단절되고 새로운 변화의 필요성을 본인들도 이미 어느 정도는 느끼고 있었지만 다만 용기가 없었을 뿐이다. 어차피 과거의 방법을 답습하는 것으로써 가능성이 없다면 새로운 방법으로 도전해 보는 것은 당연한 일이다. 등 떠밀려 하기보다 적극적으로 나서는 게 더 현명하지 않을까?

위기와 기회,
당신은 무엇을 볼 것인가

완벽함이 아니라
탁월함을 위해서 애써라.
H. 잭슨 브라운 주니어

사회가 이미 엄청난 변화를 겪었고 변화하고 있기에 과거의 성공담이나 체험, 지식은 현실에서 적용했을 때 상당 부분 별다른 성과를 거두기가 힘들다. 슈퍼리치가 되고자 한다면 특히 올바른 방향을 향해야 하는 이유가 여기에 있다.

변화는 과거의 습관을 계속할 때에는 분명히 위기를 초래하게 되는 위협요인이지만 정확한 방향성을 찾아 적극적으로 수용하는 사람에게는 또한 큰 기회가 될 수 있다. '위기危機는 위험危한 기회機다'라는 말이 있듯이, 변화는 위기를 초래하는 동시에 기회를 함께 내포하고 있어 마치 동전의 양면과 같다. 이처럼 달라진 세상에 적극적으로 적응하고 변화의 방향에서 기회를 찾아보는 것이 새로운 성공의 비결이 될 것이다.

어떤 이들은 '기회'라는 것을 스쳐 지나가 버린 인연으로 비유하고는 한다. 너무 어려서 얼마나 좋은 인연이었는지를 몰라 그냥 떠나보냈지만, 훗날 알고 보니 내게 정말로 소중한 사람이었다라는 걸 깨닫고는 후회하게 만드는 그런 아련한 사람 말이다. 꽤 적절한 설명이 아닌가. 앞서 말한 것처럼 이렇게 변화가 몰고 온 위험이 크기 때문에 마냥 그것을 외면하고 피하고자 움츠러들고 있다가는 함께 따라오는 큰 기회를 놓치기에 십상이다.

나의 경우에도 위기는 결코 혼자 오는 법이 없었다. '이젠 자신 있어 뭐든 할 수 있어'하며 자신감이 충만해 있을 때 위기를 만나 휘청거렸고, 빠져나올 수 없을 것 같은 절망적인 상황에서 큰 기회가 찾아왔었다. 그리고 보면 어른들께서 '어려울 때 기회가 찾아온다'고 하시는 말씀은 참으로 인생의 지혜로구나 싶다.

이렇게 위기란 한편으로 성공의 디딤돌이 될 수 있으므로 우리는 언제든지 기회가 왔을 때 그것을 잡아챌 수 있을 만반의 준비를 하고 있어야 한다. 드물게 찾아오는 기회를 얻기 위해서 얼마나 철저하게 준비하고 인내할 수 있는가에 대한 좋은 사례가 있다.

연이은 놀라운 발명으로 세계적인 명사가 된 발명왕 토머스 에디슨Thomas Edison에게는 에드윈 C 반스Edwin C. Barnes라는 오랜 사업 동반자가 곁에 있었다. 파트너Partner란 단순히 동반자를 넘어서 사업의 성패를 함께 하는 공동운명체가 될 만큼 돈독한 관계를 말하는데 단순히 많은 돈을 투자했다고 파트너가 되는 것은 아니다. 능력과 인격이라는 2가지 기준을 모두 충족하고 서로 간의 신뢰감이 일정 수준 이상이 되고서야 진정한 협력 관계가 성립된다. 그런데 에디슨과 30년 넘는 돈독한 협력자로 유명한 반스의 이야기는 우리에게도 '기회를 잡기 위해서 어떻게 준비해야 하는가'에 대한 좋은 본보기가 된다.

어느 날 세계적 유명인사인 에디슨의 사무실로 남루한 차림의 반스가 찾아와서는 뜬금없이 "당신의 협력자가 되고 싶습니다"라는 말을 건넸다고 한다. 그의 행색을 보고 사무실에 있던 모든 사람이 비웃었지만, 에디슨만은 반스의 눈빛과 표정, 신중한 말투에서 협력자가 되겠다는 의지를 읽고는 사무실에서 허드렛일을 할 수 있도록 했다. 반스라는 사내에게는 일종의 기회였던 셈이다. 그가 어떤 사람인지 어느 정도의 능력을 갖추고 있는지 그런 사소한 일을 묵묵히 수행해 내는 것을 보면서 판단하겠다는 생각이었을 것이다.

협력이 아니라 허드렛일을 하게 됐지만, 반스는 에디슨의 사무실에서 하루하루 온 힘을 다해 성실하게 자신의 맡은 바 일을 수행했다. 청소도 하고 고장 난 물건을 수리하기도 하면서 몇 년이라는 시간을 묵묵히 성실하게 보냈다. 그런 그에게도 드디어 기회가 찾아왔다. 그 무렵 에디슨이 딕터폰Dictaphone이라는 기계를 발명했다. 딕터폰은 이름처럼 기록의 편의를 위한 일종의 녹음기인데 당시 사무실마다 비서들이 속기 업무를 담당하고 있는 것에 착안한 발명품이다. 그런데 에디슨의 회사에서 영업을 맡고 있던 세일즈맨들이 하나같이 '비서가 있는데 누가 저 비싼 걸 사겠어'라며 회의적인 반응이었을 때 반스가 '제가 팔아보겠습니다'라며 자청해서 나섰다. 에디슨의 사무실에서 허드렛일을 하며 모아두었던 급여를 털어 한 달 동안 에디슨의 사무실과 구매할 만한 대상이 몰려 있는 뉴욕을 오가며 딕터폰을 판매했고 7대를 판매하는 데 성공했다.

이 일을 계기로 에디슨은 반스에 드디어 마음을 열었고 그를 자신의 사업 동반자로 받아들였다. 에디슨의 발명품과 사업을 통해서 벌어들이는 수익을 함께 비율대로 나눌 수 있는 자격을 그에게 준 것이다. 쥐꼬리만 한 월급을 받고 남들이 하기 싫어하는 허드렛일을 하면서도 한결같았던 반스의 성실성과 남들이 모두 '안 된다'라는 회의적인 반응을 보일 때도 '해보겠다'는 그의 진취적인 자세를 높이 평가했기 때문이었다. 이렇게 에디슨과 반스는 사업 동료가 됐고 이들 두 사람의 관계는 이후로 30년간 변함없이 유지됐다고 한다.

에디슨과 반스의 이야기를 통해 '기회라는 것이 막상 다가왔음을 눈치채고 그것을 잡을 분명한 의사가 있다고 하더라도 사전에 그럴 수 있는 준비가 되어 있어야만 한다'고 전하고 싶다. 다시 한 번 힘주어 말하지만, 잡아챌 수 있는 준비가 되어 있지 않은 상태라면 기회가 다가와도 잡을 수가 없다.

이번에도 내 이야기를 하나 해볼까 한다. 그것이 분명 내 인생에 있어서 '첫 번째 기회'라고 부를 수 있는 계기가 있다. 이제 막 시작한 장사 때문에 여기저기 돌아다니며 좌충우돌해 가면서 근근이 하루하루를 보내고 있었다. 그러던 어느 날, 오로지 야광 팔찌를 팔아보겠다는 일념으로 소리도 쳐보고 춤도 추고 온종일 이곳저곳을 미친 듯이 돌아다니던 중이었다. 그러다 안면도 없는 어떤 분이 흔쾌히 자리를 내주어서 그곳에서 야광 팔찌를 팔 수 있었다. 흔한 노점상 좌판 자리하나 없이 팔찌를 팔던 신세가 그분 덕분에 졸지에 호강하게 된 셈이었다. 다행히 내가 지금은 사부님이라고 부르는 그분의 도움으로 얻은 자리에서 갖고 있던 야광 팔찌를 모두 팔아버릴 수 있었다.

거의 처음으로 장사다운 장사를 해본 기쁨에 나는 그날 저녁 맥주 한잔을 하려고 술집으로 향했다. 아무런 대가도 없이 기꺼이 자리를 내주셨던 사부님께 한잔 대접해 드리고 싶었기도 했다.

그렇게 즐거운 술자리가 오가던 중 사부님께서 뜻밖의 제안을 하나 하셨다. "확성기 한번 잡아 보지 않을래?" 하시는 것이 아닌가. 콘서트장 인근에서 이미 좌판을 깔고 장사를 하던 사람들 사이를 비집고 젊은 녀석이 난데없이 뛰어들어 와서는 잘 팔아보겠다고 몸부림치는 모습을 내심 좋게 보셨던 모양이었다.

알고 보니 사부님은 남대문의 대형 액세서리 도매상가의 상가번영회장을 하셨다. 사부님은 남대문 시장에서 쇼핑몰 쪽으로 사람들의 발걸음을 끌어오도록 외치는 역할을 해보겠느냐고 물으셨다. 지금도 남대문 시장에 가면 그 무렵의 나처럼 '골라 골라'를 외치거나 걸쭉한 농담이나 흥겨운 춤사위 등으로 사람들의 이목을 잡아끄는 확성기를 잡은 사람을 볼 수 있는데, 나에게 바로 그 일을 해볼 생각이 있느냐고 제안하셨다. 나는 두말하지 않고 "예, 해보겠습니다"라고 흔쾌히 대답했다. 안 그래도 야광 팔찌를 팔고 이런저런 액세서리를 팔면서 '어떻게 말해야 손님들이 나를 쳐다보고 구매할까?' 하는 고민을 하고 있었기 때문이었다.

소위 호객행위라는 것인데 나는 이 일이 장사의 기본 중의 기본이라고 생각했다. 그런 중요한 기술을 그것도 공짜로 배울 수가 있게 된 기회였다. 내가 돈을 내고서라도 배우고 싶었던 일이었기 때문에 즐거운 마음으로 남대문에서 확성기를 잡았다. 간혹 나의 이런 비즈니스 이력을 모르는 사람 중에 그런 일도 했냐며 놀라는 사람들이 적지 않다. 그런 사람들을 만날 때마다 나는 이렇게 되묻곤 한다. "사업이나 장사나 결국은 같은 원리입니다. 장사를 못 하는 사람이 사업을 잘할 수 있을까요?"

남대문에서 호객행위를 하면서 비로소 장사다운 장사를 시작할 수가 있었다. 지금도 이때 확성기를 잡고 백화점 앞 지하도를 오고 가는 수백 명의 사람에게 했던 말은 잊지 않고 있다.

"일거양득에, 꿩 먹고 알 먹고, 도랑 파고 가재 잡고, 마당 쓸고 돈 줍고! 자~ 오시는 순간 불행 끝 행복 시작입니다. 남대문의 메카! 지금 이리 오시면 오시는 여러분께 행복 가득 담아 덤으로 얹어 드립니다."

명색이 대한민국 제일이라는 남대문 시장에서 확성기를 잡았는데 초짜 티를 내기는 싫었다. 그래서 최대한 전문가인 척 어구를 만들었는데, 천만다행으로 내 어구는 제법 효과가 있었나 보다. 내가 마이크를 잡고 있을 때와 화장실이나 식사를 하기 위해서 자리를 비웠을 때 남대문 방향에서 유입되는 손님의 수는 드러나게 차이가 났다.

그렇게 확성기를 잡고 호객행위를 일주일 정도 했을 때, 사부님은 다시금 내게 장사를 해보는 게 어떠냐고 물어보셨다. 지하철역에 있는 본인의 한두 평짜리 작은 매장을 잠시 맡아서 관리하는 일이었다. 나는 마치 내 매장을 갖게 된 것처럼 뛸 듯이 기뻤다. 작은 매장이었지만 내 것처럼 관리하고, 매출을 올리기 위해서 책을 통해서 배웠던 이론과 다양한 방법을 실험해볼 좋은 기회였다. 이때의 경험이 멀지 않은 훗날 진짜로 내 매장을 갖게 됐을 때 성공할 수 있는 직접적인 밑거름이 되어 주었다. 물론 컨설팅과 교육 사업에도 가장 큰 자산이 되기도 했다.

이렇게 주도적이고 적극적인 자세로 준비하고 있어야 때마침 다가온 기회를 잡아 내 것으로 만들어 낼 수 있다. 장사든 사업이든 결국 비즈니스 현장의 원리는 같다. 이렇게 설명해 드렸음에도 '지금 해도 될까? 이미 늦은 것이 아닐까?' 하는 걱정을 하시는 분들도 있으실 것이다. 무언가 잘못된 것을 알았다면 그 순간부터 고쳐나가면 된다. 그렇게 조금씩 하루에 1%씩만 나아져도 100일이면 100% 전체가 새로이 좋아질 것 아닌가.

미국에서 가장 인기 있는 스포츠인 미식축구리그 NFL^{National Football} League, 프로 미식축구 연맹을 다룬 영화 〈애니 기븐 선데이^{Any Given Sunday,}

¹⁹⁹⁹〉의 주인공인 알 파치노는 독선적이고 돈밖에 모르는 구단주와 갈등을 겪고 있는 팀의 코치이다. 2년 연속 챔피언을 할 정도의 전통적인 강팀이었지만 협력할 줄 모르는 일부 선수와 계속 이어지는 패배 때문에 성적이 제자리에 머물러 있었다. 팀을 그대로 둘지 없앨지를 가를 마지막 경기에서 코치 토니는 구단주가 선택한 이기적인 능력자를 빼고 다친 39세의 노장을 쿼터백에 앉히는 초강수를 두고 마지막 경기에 나선다.

승리보다는 윤리와 팀워크를 강조하는 노땅 코치 토니는 패배가 목전에 다가오고 있는 상황에서 중간 휴식 시간에, 패배감과 무력감에 기가 죽어있는 팀의 선수들에게 담담하지만 확신에 찬 어조로 용기를 불어넣어 결국 팀을 승리로 이끈다. 명감독 올리버 스톤이 감독한 이 영화의 하이라이트 부분은 유튜브[2]에도 동기부여 영상으로 편집되어 올라 있으니 시간을 내서 한번 시청해 보기 바란다.

미식축구가 한 번에 1인치1 Inch at a Time를 확보하면서 모으다가 누가 더 많이 모아 쌓았는가에 최후의 승패가 결정되는 1인치의 싸움인 것처럼, 우리가 현재 겪고 있는 여러 가지 어려움을 극복하고 승리할 수 있는 비결은 결국 오늘 얼마만큼 변화하고 행동하느냐에 달려 있다. 작은 발걸음이라 할지라도 올바른 방향을 향해 첫발을 내딛는 것이 중요하다.

---

2) https://www.youtube.com/watch?v=rcgk3UW4IvE

CHAPTER 2

슈퍼 세일즈로 이끄는
슈퍼리치 프로세스

답답한 하루하루가 흘러가던 중 지점장이 A에게 '참고해봐. 도움이 좀 될 거야'라며 파일 한 권을 건네주었다. 회사에서 제공한 고객들의 연락처와 신상명세 등이 들어 있는 파일을 받아든 A는 그곳에 적혀 있는 번호로 목소리를 가다듬고 전화를 걸기 시작했다. '안녕하세요. 고객님 저는 XXX 보험의 A라고 합니다'라는 인사를 반갑게 건네면서 판매를 위한 말을 시작하려고 했던 계획은 시작부터 난관에 직면했다. '고객님'이라는 말을 듣자마자 '안 사요'라며 퉁명스럽게 전화를 끊는 사람들이 대부분이었다. 그나마 전화를 길게 들어준 사람들도 '그러면 제가 고객님 편하신 시간에 찾아뵙고 설명해 드려도 될까요?'라고 약간은 희망적인 생각으로 질문하니 여태껏 잘 들어주던 것과는 달리, '그건 좀 곤란하죠. 죄송해요'라며 일방적으로 전화를 끊어버렸다.

고객 파일을 두 장 세 장 그렇게 넘기면서 전화를 붙잡고 있던 손이 뻣뻣해지고 목이 칼칼해질 무렵 점심시간이 됐다. 그날따라 웬일인지 신경질적이던 지점장이 점심을 사주겠다며 불러냈다. 따라나선 A는 "어때 성과가 좀 있어?"라는 지점장의 질문에 "예, 열심히 하고 있습니다"라고만 대답할 수밖에 없었다. 지점장은 별말 없었고 이렇게 전화를 걸고 거절을 당하는 일이 벌써 한 달이 다 되어가던 무렵, 지점장은 A를 호출했다. 별다른 성과를 내지 못하고 있다는 보고를 받은 지점장은 짜증 섞인 목소리로 "회사가 그 정도 지원을 했으면 죽이 되든지 밥이 되든지 무슨 결과가 좀 있어야 하는 거 아니야? 여기가 학교야?

책상에 앉아서 뭐가 되겠어? 밖에 나가서 아무나 붙잡고라도 좀 팔아보라고!"라며 호통을 쳤다.

쫓기듯 사무실 밖으로 나온 A는 챙겨온 팸플릿 몇 권을 들고 '이제 뭘 어떻게 해야 하나?' 하고 생각하다가 잠시 멍하니 근처 공원 벤치에 앉았다. 회사에서 신입사원 교육 때 해병대 훈련을 받으면서 정신무장도 했고, 엄청 비싼 돈 주고 섭외했다는 유명 강사에게서 동기부여 특강도 들었는데 생각해보면 별로 도움 되는 것도 없었다.

'거절해도 포기하지 마라. 열심히 하면 된다' 이런 말이었는데 이제는 믿기가 싫어졌다. 문득 얼마 전에 공무원 시험에 합격한 대학 시절의 친한 동기가 생각나서 전화했다.

"어떻게 지내니?"

"아직 정신이 없지 뭐."

"그렇구나. 잠시 내일 너희 사무실 근처에 갈 일이 있는데, 오랜만에 밥이나 먹자."

내심 판매에 대한 의도가 약간은 깔린 통화를 마치고 나서야 A의 마음은 조금 진정되기 시작했다. '하나 팔 수 있겠지? 우리 사이에 이런 정도는 괜찮잖아. 그렇게 다시 시작해보는 거야.'

오랜만에 만난 두 사람은 어렵다는 취업과 합격에 대한 축하를 주고받으며 즐거운 식사를 마쳤다. 식당 근처의 카페에서 이런저런 얘기를 하다가 A가 '그래서 말인데'라며 회사에서 만든 팸플릿을 테이블에 올려놓았다. 친구이기는 하지만 괜스레 얼굴이 달아오르는 느낌이 들었다. 하지만 '공무원이 됐으니 한 달에 몇 만 원짜리 보험 하나 정도는 무리가 아니겠지? 아닐 거야'라는 자기암시를 속으로 되뇌게 되었다. 그런 A를 잠깐 말없이 쳐다보던 친구는 주섬주섬 무언가를 꺼냈다.

"우리 이모 아들 알지? 학교 다닐 때 바닷가에 같이 놀러 갔었던 상철이. 걔도 보험회사에 취직했대. 이모가 엄마한테 계약서 받아서 가져오셨더라고 '신입일 때부터 알뜰하게 모아야 한다'고 말이야. 미안해 A야. 월급이 보험 2개 들 만큼은 안 되네."

A는 아무런 말도 할 수가 없었다. 결국, 연고 판매라는 회심의 영업도 시작부터 돌부리에 걸려 넘어지게 됐다. '보험 영업하는 사람이 왜 이렇게 많은 거야?'라는 생각에 대상도 없는 짜증이 몰려왔다.

슈퍼리치로 향하는 둘째 비밀을 설명하기 위해 실적이 오르지 않아서 연고 판매에 들어간 어느 보험 세일즈맨의 이야기를 가상으로 그려보았다. 가상이라고는 하지만 실제의 상황과 크게 다르지는 않을 것이다. 정확한 방향을 잡는 것이 신기루의 법칙의 첫째 요소이고 그 둘째가 바로 올바른 방법론이다. 열심히는 하지만 성과가 나오지 않는 또 다른 이유는 방법에 있다. 하지만 '남들도 다 이렇게 하는데? 여태 그렇게 해서 성공했는데 뭐가 문제라는 거지? 잘못된 게 없는데?'라며 대부분은 부정적인 반응을 보인다. 잘못된 방법을 밀어붙일 만큼 자신이 어리석었다는 것을 수긍하지 못한다.

이런 반응을 숱하게 접해봤고 그러는 이유를 이해 못 하는 바도 아니다. 지금껏 성공의 비밀로 거론됐던 방법이고, 수많은 사례로 입증한 방법이다. 따라서 지금까지의 방법이 성과가 나오기가 더 힘든 것이라는 것을 인정하기 쉽지 않다.

잠재고객, 제대로 파악하고 있는가
DB와 고객

비전만 좇다 보니 방향을 잃었다.
로빈 그린

내가 지난 10여 년간 실시해오고 있는 비즈니스 멘토링은 올바른 방법론을 수립할 수 있도록 교육하는 것이다. 교육생들에게 지금까지 해오던 방법에 숨어 있던 여러 종류의 문제들을 바로 볼 수 있는 안목을 갖게 해주면 올바른 대안을 끌어낼 수 있는 능력을 스스로 갖출 수 있게 된다. 즉 문제를 해결할 수 있는 근본적인 원리에 접근할 수 있다. 슈퍼리치에 이르는 길을 설명하면서 몇 가지 단어들을 반복적으로 사용할 것이고, 사전적인 의미나 일반적으로 사용하는 뜻과는 약간 다른 의미로 설명할 것이다.

조금 전에 언급한 A라는 보험회사의 세일즈 사원에 대한 가상의 사례에 숨겨져 있는 문제점들을 먼저 파악해보자. 성과가 있을 것이라고 자료를 건네받았고 열심히 했지만, 실적이 나오지 않았다면 그게 바로 문제가 있다는 분명한 신호이다.

실적이 좀처럼 오르지 않아서 고민 중이던 A에게 지점장이 고객 명단을 주었다. 여기에 적혀 있는 것은 무엇일까? 직장생활을 하신 분들은 어렵지 않게 짐작하실 수 있으실 것이다. 이름과 나이, 성별과 연락처 같은 신상명세, 직업이나 소득 수준이 들어있는 명단도 있을 것이고 치과 치료를 받을 계획임, 자녀에게 물려줄 재산 배분 등에 관심이 있음과 특기 사항 같은 것들이 적힌 나름 고급 파일도 있을 것이다.

어쨌든 이런 고객 명단은 회사가 그동안 수집하고 어떤 기준에서든 걸러내서 불필요한 것들을 제거한 정보이다. 흔히 우리가 DB^{Data} ^{Base}라고 부르는 것들이 바로 이런 정보들이다. 이런 DB에 올라와 있는 정보를 근간으로 하여 영업 계획을 세우고 미팅에 나서고 계약을 위해서 어휘를 구사하고 영업을 마무리한다. 그럼 여기서 잘못된 것은 무엇일까?

첫째로 생각해 봐야 할 점이 DB 자체에 대한 것이다. DB에 들어 있는 잠재 고객을 실제 매출을 일으킬 수 있는 구매 고객으로 바꾸는 과정이 비즈니스인 셈이다. 보통은 연고 판매를 먼저 하고 그 DB가 바닥이 나서 더 만날 지인들이 없는 때를 기점으로 실적이 떨어지면서 불특정 다수를 대상으로 하는 고달픈 비즈니스가 시작된다. 가상의 사례에서는 순서를 달리했을 뿐이다. 그렇다면 A는 지점장이 건네준 자료를 잠재 고객의 명단이라고 생각하고 전화 연락을 했는데 번번이 거절당했다. '내가 뭘 잘못한 거지?' 하는 생각이 충분히 들 수 있다. 지점장이 나름 신경 써서 '잘 해보라'며 작성된 잠재 고객 파일을 준 것이니만큼 세일즈 성공의 가능성이 높다고 봐도 무방했을 것이다.

여기서 질문을 하나 해보겠다. 흔히 현장에서 말하는 막 DB가 있다. 이를테면 파일 거래 사이트나 생활정보지 등에서 '고객 명단 1,000만 건 10만 원에 드립니다' 하는 DB이다. 이건 잠재 고객일까 아닐까? 모두 아니라고 말씀하실 것이다. 그렇다면 지점장으로부터 받은 고객 파일은 잠재 고객일까 아닐까?

예를 들어 제휴 회사의 임직원으로부터 받은 고객 파일이 있다. 여기에는 나이, 이름, 직급, 급여 수준, 가족사항 등이 담겨 있다. 이건 잠재 고객일까 아닐까? 질문을 하나 더 해보자. 회사로 전화가 걸려와서 판매하고 있는 제품을 구매하고 싶다면서 견적서를 보내달라고 한 사람이 있다. 접수한 고객센터 직원이 '영업 담당자가 전화를 드릴 테니 상담하시고 구매하시면 됩니다'라고 얘기를 하고 받은 연락처가 있다. 그렇다면 이건 잠재 고객일까 아닐까? 대부분 이번에는 확실히 잠재 고객이라고 답할지도 모른다.

하지만 정답은 '하나도 없다'다. 슈퍼리치로 향하는 신기루의 법칙에 의한다면 그렇다. 정말 비즈니스 능력이 어마어마한 사람이라면 지점장이 준 파일만으로도 실적을 만들어 낼 수 있을 것이긴 하다. 개인의 능력 차는 분명히 존재하는 것이니까. 하지만 잠재 고객이라는 정의를 그동안의 시각과는 약간 달리 내려야 한다.

이런 경우 구매가 이루어질 확률이 높긴 하나, 나를 모르고 있는 상황에서 여전히 고객은 나를 일반적인 영업사원 취급을 할 것이며 가격 비교를 하고 언제든 떠날 수 있는 사람이다. 운이 좋아서 판매가 될 수는 있으나 고객이 나에게 사게 되는 당위성은 없다.

비즈니스 멘토링을 통해서 교육생에게 말하는 잠재 고객은 바로 이런 사람이다. 다시 말해, 확실한 구매 의사와 구매 여력이 있을 뿐만 아니라 이미 나를 전문가로 생각하고 인정하고 있는 사람이다. '그런 사람이 있으면 누가 영업을 못 하냐?'라고 생각할지도 모른다. 하지만 신기루의 법칙은 놀랍게도 바로 이런 사람들만 추려내어 만날 수 있도록 해준다. 따라서 거의 모든 이들이 "교육비가 이렇게나 비싸요? 효과가 있기는 한 거겠지요?"라고 믿음 반 의심 반의 상태로 왔다가 교육이 채 마무리되기도 전에 본인들 스스로가 벌써 무언가 달라지고 있다는 느낌을 받고 더 적극적으로 교육에 임하게 된다.

그렇다고 해서 이 법칙이 무슨 마법의 주문이거나 아니면 '긍정적인 생각을 하면 우주가 그것을 이뤄준다'는 식의 막연한 이상론은 결코 아니다. 지난 10여 년간 철저하게 검증하고 결과를 얻었던 체계적인 틀 그 이상도 이하도 아니다. 계속 반복해서 강조하는 바이지만 성공을 원한다면 이 법칙이 제시하는 것을 받아들이고 지금까지 했던 생각을 과감하게 버려야 한다. 세상이 변했고 고객이 달라졌으며 영업환경이 바뀌었는데도 과거의 기준으로 고객을 만나고 비즈니스를 한다면, 결과가 좋게 나올 수 있겠는가?

예전처럼 고객을 만나겠다는 의욕으로 아무 곳이나 마구잡이로 들어가고 거절을 당하고 잡상인 취급을 받으면서도 꿋꿋하게 '오늘도 열심히 했어'라는 식의 비즈니스는 이제는 더 높은 단계를 오르기 위해 결단코 하지 않아야 한다. 그렇게 난데없이 방문하면 고객이 우리를 환영해줄까? 처지를 바꿔서 생각해보면 그게 바로 민폐가 아닐까? 슈퍼리치로 향하는 이 법칙은 비즈니스와 마케팅에 대한 새로운 방법론을 제시하고 따르기를 권한다.

다시 A의 사례로 돌아가 보자. 추린 정보라고는 하지만 지점장이 건네준 고객 파일 즉 DB는 거의 막 DB와 다를 바가 없는 상태이다. A가 팔려고 하는 것을 구매하겠다는 의사를 밝힌 것도 아니고 그만한 구매 여력이 있는지도 알 수가 없다. 단지 어떤 기준으로 거른 명단일 뿐이다.

신기루의 법칙이 말하는 올바른 방법론에서는 고객과 비즈니스맨과의 전통적인 관계도 다르게 접근한다. 대학 친구를 만나서 연고 영업을 시도했을 때의 A의 사례로 돌아가서 설명해 보겠다. A가 연고 판매에 실패한 것은 다른 사람이 먼저 연고 판매를 해버렸기 때문이지만 그렇지 않았더라도 마케팅에 실패했을 것이다. 실제로 현장에서 이런 일은 비일비재하다. '우리 사이에 이 정도도 못 사줄까?' 하는 기대와는 달리, 연고 판매에 실패하고 나서 '괜히 사이만 어색해졌다'는 푸념을 늘어놓는 이들을 수도 없이 보았다.

보통 고객에게 전화하거나 방문했을 때의 상황을 머릿속에서 그려보자.

"안녕하세요. 저는 어디 어디의 누구라고 하는데요. 이번에 이런 좋은 제품이 있어서 소개 한번 해드릴까 해서 나왔습니다. 이 팸플릿을 보시면…."

이렇게 말을 이어갈 수라도 있으면 좋겠지만, 대부분의 경우 단박에 "아이, 안 사요. 잡상인 출입 금지 안 보여요? 나가세요" 이런 취급을 받기 일쑤다. 간혹 담대하고 넉살 좋은 사람인 경우에는 "안녕하십니까? 제가 좋은 정보가 있어서 알려드릴까 해서 나왔습니다" 하고 방문 처에서 호기롭게 말을 꺼낼 수는 있지만 그렇다고 해서 그게 판매로 이어질 확률 역시 낮다. 이런 상황은 고객이 갑甲이고 당신은 을乙이라서 벌어진다. 을이 갑의 앞에서 눈치를 보고 기를 펴지 못하는 것은 어찌 보면 당연할지도 모른다.

하지만 신기루의 법칙에서 말하는 올바른 방법론은 이런 전통적인 갑을 관계를 뒤집으라고 주장한다. 아마도 도무지 말이 되지 않는 소리만 한다고 생각할 수도 있겠지만, 앞으로 설명할 알파ª 테크닉과 멘토 포지셔닝에 의해서 이러한 고객과 비즈니스맨의 관계는 역전할 수 있다. 마케팅을 비즈니스맨이 고객에게 물건을 파는 것이 아니라 고객이 비즈니스에 물건을 사는 것으로 생각하면 된다.

단순한 것 같지만 인식의 전환을 하게 되면 모든 것이 변화하게 된다. 고객의 비위를 맞추기 위해서 고개를 조아리고 고객의 편의에 맞춰 방문하고 일방적인 취소에도 '그럼 다음 약속은 언제로 하는 게 좋을까요?'라고 먼저 물어봐야 하는 을Z의 처지에서 벗어날 수 있게 된다. 고객이 이것을 원했기 때문에 내가 제공하는 관계가 된다. 실제로 많은 사람이 이 법칙을 통해서 고객들로부터 을이 아닌 갑의 위치에서 비즈니스를 하고 있다.

조금 전에 말한 알파 테크닉이란 쉽게 말해 역전된 관계를 바탕으로 기업인이 고객과 만남에서 갑의 위치에서 흐름을 주도할 수 있도록 도와주는 여러 가지 기법을 말한다. 말투나 표정, 손짓과 몸동작 등이 여기에 속한다. 이는 내가 직접 모델이 되어 알파 테크닉에 대해 시연하는 부분에서 다시 자세하게 다루겠다.

멘토 포지셔닝 역시 고객과의 관계를 바꿀 수 있는 중요한 원천이 된다. 물건이나 서비스의 구매를 원하는 잠재 고객에게 필요한 것을 전문적인 지식과 함께 사도록 도움을 주는 사람이 되어야 한다. '그게 가능할까?'라는 의심은 접어두고 이 책을 다 읽고 나서 한번 곰곰이 자신의 상황에 맞춰 실행에 옮겨 보길 바란다. 그리고 나서도 의문이 생겼을 때는 한국 영업인 협회 카페 게시판에 문의 글을 남기거나 협회로 문의하면 적절한 도움을 받을 수 있다.

세상이 바뀐 것처럼 신기루의 법칙도 고객과 비즈니스맨에 대한 전통적인 역학관계를 뒤바꿔야 한다고 말한다. 마케팅이란 비즈니스맨이 고객에게 파는Sell 것이 아니라 고객이 비즈니스를 구매Buy하는 것이다'라고 생각하면 이해가 쉬울 것이다. 혹시라도 두 표현이 같은 말이 아니냐고 생각하면 안 된다. 이 작은 차이가 완전히 다른 결과를 가져온다. 비즈니스에 자신감이 붙고, 고객이 우리에게 무언가를 요청하고 그 요청에 응해주기 위해서 방문하는 관계가 된다. 다음 사례로 다시 한번 살펴보겠다.

뜻밖에도 사람은 누군가 의도적으로 만들어 놓은 환경을 별다른 의심 없이 따르는 경향이 있다. 엘리베이터에 타는 사람들을 대상으로 한 흥미로운 실험을 본 적이 있다. 엘리베이터에 실험의 여부를 전혀 모르는 보통 사람이 탔다. 그런데 타고 보니 자신을 제외한 모든 사람이 전부 벽 쪽을 보고 서 있는 것이 아닌가. 처음에는 피식하고 웃다가는 점차 눈치를 보다가 어느샌가 은근슬쩍 자신도 벽 쪽으로 돌아서는 피실험자가 대부분이었다. 사람들은 보통 어떤 분위기와 환경에 저항하기보다는 은연중에 따른다.

다른 사례가 있다. 소복하게 눈이 쌓여있는 작은 놀이터에서 벌어진 익살맞은 영상을 유튜브[3]에서 발견했다. 나는 그 안에서 벌어진 사건을 기억한다. 한 사람이 아무도 밟지 않은 눈을 서까래 같은 도구로 치웠는데 눈을 모두 쓸어버린 것이 아니라 지렁이 모양으로 구불구불 냈다. 그런데 뒤에 오는 사람들의 반응이 재미있다. 많이 쌓이지도 않은 눈이었기 때문에 직선으로 가로질러 가도 충분한 상황이었지만 대부분이 신발과 옷에 눈이 묻는 게 싫었던지 그냥 구불구불하게 나 있는 길을 따라갔다. 그러다가는 처음 왔던 곳으로 치워진 길의 끝이 이어져 있는 것을 보고는 모두 잠깐 멍하니 있었다. 사람은 습관적으로 남이 만들어 놓은 환경을 따라가는 경향이 확실히 있구나 하는 생각을 굳힌 영상이었다.

이와 같이 비즈니스에 대한 오랜 고정관념은 앞에서 예로 들었던 가상의 사례에도 적용할 수 있다. A가 파일에 있는 연락처에 전화할 때, 친구와의 연고 판매에서 어딘지 모르게 위축되고 조심스러울 수밖에 없던 것도 비즈니스를 판매Sell라고 보는 전통적인 생각 때문이다. 하지만 멘토 포지셔닝과 알파α 테크닉, 뒤에 나올 개입 상품, 로볼Low Ball 등의 신기루의 법칙이 말하는 나머지 개념을 모두 익히고 나면 세일즈에 대한 새로운 해석에 고개가 끄덕여지며 '아 그럴 수 있겠구나. 가능하겠어'라는 생각이 절로 들 것이다.

이렇게 비즈니스에 대한 오랜 역학관계를 뒤바꾸는 시도가 진정으로 효과를 보기 위해서는 세일즈맨 스스로 자신만의 전문성을 갖추는 것이 가장 먼저이다. 비즈니스 현장에서 오랜 시간 몸으로 경험하고 느낀 것은 똑같은 물건을 같은 장소에서 판다고 해도 누가 파느냐에 따라서 매출에 차이가 있더라는 사실이다. 목이 정말 나쁜 곳이지만 잘 파는 사람이 있는가 하면 제일 좋은 자리에서도 파리만 날리는 사람도 있다.

---

3) https://www.youtube.com/watch?v=txAqUe6-5n4#t=98

그런데 이런 문제를 단지 '운이 없었나 보지 뭐'라며 쉽게 치부할 수만은 없다. 같은 환경과 조건에서도 결괏값이 차이가 나는 것을 운으로만 설명할 수는 없다. 나는 그것을 파는 사람의 자질과 준비성의 차이라고 생각한다. 우선 비즈니스를 하려면 어떤 물건이나 서비스를 판매하더라도 그것에 정통해야만 한다. 어떤 것이 장점이고 경쟁 제품에 비해서 어떤 점이 부족한지 꿰고 있어야 한다. 그뿐만 아니라 어떤 사람에게 판매하고자 하는 것이 유용하고 어떠한 효과를 기대할 수 있을지도 미리 조사하고 준비를 해두어야만 한다.

특히나 요즘처럼 인터넷과 대중매체의 발달로 인해서 고객이 기업인보다 더 여러 분야의 지식을 갖고 있을 확률이 높은 시대에는 더더욱 그렇다. 물건을 파는 사람이 상품과 서비스에 대한 전문적인 정보를 갖추고 있어야만 비로소 고객으로부터의 신뢰를 얻을 수 있는 법이다. 그건 시대가 변화했다고 해도 달라질 수 없다. 만약 '엄청 쌉니다. 싸요'라고 목청껏 소리를 질러서 사람들을 불러 모아놓고서도 '이게 어디에 쓰는 거요? 어디에 좋은 건데요?'라고 물어봤을 때 정확하게 설명하지 못한다면 사람들이 당신을 어떻게 생각하고 쳐다볼까? 아마 '이런 한심한 사람을 봤나' 하며 혀를 끌끌 차고 돌아설 것이 빤하지 않을까?

팸플릿에 적힌 설명과 회사에서 제공한 글귀만 달달 외워서는 결코 한껏 높아진 요즘 고객들의 눈높이에 맞출 수가 없다. 일본의 유명 화장품 브랜드인 가네보의 CEO이었던 지시키 겐지는 겨우 43세의 나이에 그 자리에 올랐던 입지전적인 인물로 누구보다 전문성의 중요성을 깨닫고 실천에 옮겼다고 한다. 처음 가네보에 입사했던 겐지는 영업사원으로 근무하며 성실성과 근면성으로 우수한 실적을 올릴 수 있었고 그토록 원했던 도쿄 본사로 발령을 받았다.

그런데 본사 출근 첫날부터 겐지는 큰 충격을 받았다. 본사 직원들이 사용하는 말이나 서류에 적혀있는 전문 용어를 몰랐기 때문이었다. '이렇게 하다가는 곧 도태되고 만다'는 위기감에 겐지는 화장품 관련 서적을 1년에 100권씩 읽으면서 전문가가 되기 위해서 뼈를 깎는 노력을 기울였다. 그런 노력 끝에 그는 화장품에 관한 최고 전문가로 인정받으며 승승장구해서 35세에 자회사의 사장, 43세에 드디어 가네보의 CEO에 오를 수 있었다.

인터넷 등을 통해서 고객이 많은 정보를 갖고 있다고 하더라도 그것을 압도할 수 있는 지식과 고객에게 필요한 제품의 효과와 효능 등에 대해 적절한 제안을 해줄 수 있을 정도의 전문성을 갖춘다. 이렇게 하면 주위에서 흔히 보고 접할 수 있는 영업사원이 아니라 고객이 먼저 만남을 요청해오는 전문가 즉, '을乙'이 아닌 '갑甲'의 입장에 설 수 있게 된다.

생각을 바꾸면 행동이 바뀌고, 행동이 바뀌면 매출이 바뀌며 매출이 바뀌면 인생이 바뀐다. 지금 당신이 지닌 영업, 세일즈에 관한 생각을 조금씩만 바꿔보길 바란다.

누구에게 무엇을 팔아야 슈퍼리치가 될까
목표 고객 설정과 포인트

그간 우리에게 가장 큰 해를 끼친 말은
'지금껏 항상 그렇게 했어'라는 말이다.
그레이스 호퍼

•
•
•

슈퍼리치가 되고자 올바른 방법론을 실천하기 위해서 알아두어야 할 사항은 더 있다. 나를 이미 알고 있고, 전문가로 인정하고 있으며 충분한 구매 여력과 확실한 구매 의사가 있는 잠재 고객을 만나야 성공할 수 있다는 말에는 전제가 있다.

우선 그런 사람들이 과연 어디에 있는지부터 찾아야 한다. 대한민국 국민 모두가 나의 잠재 고객인지, 역삼동에 사는 이들이 내 잠재 고객인지 알 길이 없다. 너무나 막연한 기준으로는 잠재 고객을 찾아낼 수 없다. 뒷장에서 중점적으로 다룰 방법론을 나는 세일즈 프로세스라고 부르는데 그 첫 번째 단계가 바로 타깃팅Targeting, 표적화, 목표 고객 설정이다.

경영학 서적이 아니더라도 매스컴 등을 통해서도 워낙 많이 접한 용어라 타깃팅이 어떤 의미인지 모르는 사람은 없을 것이다. 하지만 문제는 '알고는 있으나 적용을 하지 않는다'는 점이다. 펜과 수첩을 곁에다 놓고 '나의 고객은 누구인가?' 하는 질문을 스스로 던져 보자. 아마 수첩에 쉽게 무언가를 적기는 쉽지 않다. '나하고 계약하는 사람이 아닐까?'라는 것은 결코 대답이 될 수 없다. '누가 당신하고 계약하려고 하는데?'라는 질문과 맞닥뜨리게 될 것이다.

대한민국의 모든 사람을 내 고객화 할 수는 없다. 시장을 세분화하고 목표 고객을 선정하는 이러한 일련의 과정은 내가 가진 능력과 시간 열정 등을 효율적으로 사용하기 위한 현실적인 목적이 깔려있다. 온 국민이 내 잠재 고객이라고 해서 이 사람 만났다가 지하철역에서 스쳐 지나간 사람도 잠재 고객이니 '시간을 내주시면 제가 좋은 제품을 설명하겠습니다'라고 할 수는 없다. 그렇게 해서 좋은 결과가 나올 것이라고 기대하는 것 자체가 문제이다.

영업과 비슷한 점이 많은 낚시를 예로 들어 보겠다. '주말에 낚시를 가야겠다'라고 생각하는 사람의 입장이 되어 생각해보면 목표 고객 설정에 대한 이해가 더욱 쉽다. 우선 내가 낚고자 하는 물고기의 종류를 먼저 결정하게 마련이다. 이를테면 '붕어 낚시 갈까?' 혹은 '이번에는 광어 잡아 올게'라며 집을 나설 설렘으로 떡밥과 미끼 낚싯대와 같은 각종 낚시도구를 주섬주섬 챙기며 콧노래를 부를 것이다. 이렇게 잡으려는 물고기 종류를 먼저 결정하는 이유는 어류마다 각기 좋아하는 미끼가 다르고 적합한 낚시 도구가 저마다 다르다.

만약, '광어도 잡고 싶고, 문어도 잡으면 더 좋고 상어도 나온다는데 배 빌려서 바다로 나가볼까?' 하는 계획으로 준비한다면 과연 어떨까? 광어 낚는데 사용하는 미끼를 문어나 상어 낚시에 사용할 수는 없다. 상어 잡는 낚싯대로 광어를 잡는데 쓰는 것도 우습지 않을까? 잡고자 하는 물고기의 종류를 결정하지 않고 '다 잡으면 좋지'라는 욕심을 부리다 보면 준비해야 할 미끼며 떡밥 각종 낚시 도구들의 종류가 끝이 없다. 현실적이지 않다는 뜻이다. 즉 '오늘은 배스를 잡겠어'라고 어종을 결정하고 나면 일은 훨씬 간단해지고 일사천리로 진행될 수 있다. 적합한 미끼와 떡밥, 도구만 챙기면 된다.

목표 고객 설정이 필요한 이유도 마찬가지다. 내가 겨냥하고자 하는 목표 고객에 대한 집중도가 강해지게 되고 목표 고객들의 니즈Needs, 욕구가 무엇인지 보다 명확하게 파악할 수 있게 된다. 이 말은 더욱 효율적인 비즈니스 활동이 가능해진다는 뜻이다. 이게 목표 고객 설정이 주는 첫 번째 효과다. 이렇게 업무가 효율적으로 돌아가기 시작하면 나 스스로 그동안 어떻게 영업을 했고 얼마나 체계적으로 수행했는지를 평가할 수 있게 된다. 이것은 곧 비즈니스 활동을 관리, 감독할 수 있게 된다는 뜻이고 관리가 된다는 것은 현재의 마케팅이 더욱 발전할 수 있다는 의미가 될 수 있다.

이렇게 내가 발전을 거듭할수록 목표 고객으로 설정해 놓은 고객에게 더욱 집중할 수 있게 되기 때문에 같은 시간을 일해도, 같은 숫자의 고객을 만나더라도 다른 경쟁자들보다 더 높은 성과를 얻을 수 있게 된다. 그렇게 되면 업계의 수많은 경쟁자에 비해 남다른 경쟁력을 갖게 된다는 뜻이고 전문가로서 인정받을 수 있는 일에 시간과 노력을 더 떼어 놓을 힘이 생긴다.

목표 고객 설정과 한 묶음으로 생각해야 하는 것이 바로 포인트다. 잡고자 하는 물고기의 종류를 결정했다면 아무 데나 낚싯대를 드리울 수는 없다. 어디에 가면 그 물고기가 많은지를 감으로 혹은 귀동냥이나 인터넷이나 전문 방송 등을 통해서 알아내서 그곳으로 가야 잡기가 더 수월해진다. 문어 낚시를 하러 간다면서 강으로 가는 어리석은 행동을 하는 사람은 없지 않은가.

세일즈를 보다 효율적으로 하기 위해서는 내가 목표 고객으로 선정한 사람들과의 접촉이 빈번하게 일어날 수 있는 곳으로 가야 한다. 그런데 이렇게 목표 고객들과 만날 수 있는 곳은 이제 예전보다 더 많아졌다. 인터넷이 급속하게 발달했기 때문인데, 인터넷을 통한 영업이 이미 확실하게 자리 잡고 있는 현실을 고려하면 이 포인트를 굳이 오프라인의 특정한 위치에 국한할 필요는 없다. 이를테면 네이버 카페나 카카오스토리, 지식 iN, 페이스북도 좋은 지점이 될 수 있다. 사람이 많이 몰리는 것이고 내가 목표로 설정한 사람들이 모여 있는 곳이면 된다. 여기에 하나 더 확실한 주제로 많은 사람이 모이는 장소가 있다면 그 주제에 맞는 비즈니스를 단기간에 기획하는 것도 좋은 방법이다. 이를테면 무슨 박람회나 유명 지방 축제, 며칠씩 계속되는 음악 축제는 물론이고, 대대적인 국가시험이 치러지는 수험장 등도 비즈니스 지점이 될 수 있다.

나의 생애 첫 장사가 바로 수험용 연필을 파는 것이었는데 그 이유는 특정 목적을 두고 많은 사람이 몰려드는 곳이 바로 수험장이기 때문이었다. 물론 그때는 목표 고객 설정이나 포인트, 신기루의 법칙 같은 것을 전혀 모르는 생초짜 중의 초짜였기 때문에 그야말로 무식하게 들이댔었다. 토익시험 답안지에 쉽게 표시할 수 있도록 미리 굵게 갈아놓은 연필을 수험장에 가져가면 잘 팔리겠지 하는 생각으로 일을 저질렀다.

매번 기발하고 감동적인 광고를 선보이는 것으로 유명한 박카스의 예전 광고 중에 '나를 아끼자'[4]라는 편을 보면서 목표 고객과 고객의 욕구를 생각해 보게 됐다. 이 흥미롭고 잔잔한 광고의 주인공은 자기가 좋아하는 여대생에게 잘 보이고 싶어서 갖은 노력을 거듭하는 한 남자 대학생이다.

강의실에서 '나는 수염 난 남자가 좋더라'는 여학생의 말은 들은 남학생은 며칠 후 수염을 기른 모습으로 자랑스럽게 나타나 '안녕?'하고 인사를 건네며 턱을 쓰다듬는다. 나를 보아달라는 전형적인 행동이

---

4) https://www.youtube.com/watch?v=y4Fu1Aw3AYA

다. 그런데 이 문제의 여대생은 이내 기타 잘 치는 남자가 멋있더라, 영어 잘하는 남자가 멋있더라, 어깨 넓은 남자가 멋있더라는 말을 했고 이 모든 걸 맞추기 위해서 남학생은 손톱이 깨지는 아픔을 참아가며 기타를 배우고 화장실에서도 영어 회화 책을 읽고 운동을 한다. 그런데 문제는 '근데 난 얼굴 작은 남자가 제일 좋더라'라는 여대생의 말이다. 서글픈 표정을 한 남학생은 화장실 거울 앞에 서서 자신의 얼굴을 이리저리 돌아보다가 밖으로 나가서 '남자는 자신감이지 자신감. 팍! 어'라며 딴소리를 하는 내용이다.

이 남학생의 모습이 바로 목표 고객에게 비즈니스를 시도하는 모습과 매우 흡사하다. 같은 학교에 많은 여학생이 있을 텐데 그중에서

남녀 관계는 '갑을(甲乙)관계'? 고객과의 관계도 뒤집어보면 방법이 보인다

콕 집어 내가 좋아하고 사귀고 싶은 여학생을 정하는 과정이 일종의 목표 고객 설정이다. 이렇게 설정한 목표 고객의 눈에 띄기 위해서 고객의 욕구를 맞추려고 남학생은 노력했다. 노력해도 달성할 수 없는 난관을 만났지만, 이 남학생은 결코 용기를 잃지 않고 '난 오늘 나에게 박카스를 사줬습니다'라며 자신을 위로하는 것으로 광고는 끝난다.

나는 문득 광고 속 남학생을 보면서, '저 친구가 전문가 포지셔닝을 갖고 있었더라면 얼굴을 작게 할 수는 없지만 알파 테크닉을 적절하게 구사해서 다른 결과를 냈을 텐데'하는 생각을 해보았다. 그래도 광고 속 남학생은 끊임없이 무언가 하는 걸 보니 결국 뭐가 되더라도 해낼 사람이라는 생각이 든다. 아무것도 하지 않으니 아무 일도 일어나지 않는다고 하지 않는가. 무엇보다 실천이 가장 중요한 법이다.

광고 속 남녀의 관계로 목표 고객 설정에 대한 이야기를 잠시 해보았다. 이렇게 목표 고객 설정이라는 것은 내가 가진 능력과 시간을 효율적으로 사용해 영업 효율을 높이기 위한 지극히 현실적인 방법론이다. 그렇다면 목표 고객으로 삼을 잠재 고객의 범위를 넓게 잡는 것보다는 좁게 잡는 것이 낫다. 그리고 그게 잠재 고객의 측면에서도 훨씬 그럴듯하게 다가올 수밖에 없다.

화장실에서 바퀴벌레를 발견하고는 깜짝 놀란 사람이 마트에 가서 바퀴 약을 사려고 갔을 때 '바퀴벌레 전문 살충제'와 '바퀴벌레, 모기,

온갖 해충에 심지어 쥐도 잡아드립니다'라는 약이 있다고 해보자. 용기나 제조사도 얼추 비슷한 상황이라면 과연 고객은 어떤 것을 선택하게 될까? 전자? 아니면 후자? 이런 경우라면 어떨까? 위장 속 쓰림에 좋다는 민간요법이 있어서 '한번 따라 해볼까?' 생각 중이어서 알아봤더니 정력 증강에도 좋고, 피부 미용에도 좋고 노화 예방에도 좋다고 한다면 여러분은 그것을 과연 돈 주고 체험해 볼 생각이 들까? 아마 '뭐야 약장수 아니야?'라고 그냥 돌아설 것이다.

따라서 비즈니스맨들은 자신의 제품과 서비스에 관한 자세한 정보와 활용법 등을 숙지한 이후에 어떤 특징을 강조해서 고객들에게 다가갈 것인지를 생각하고 결정한다. 이것저것 다 잘한다고 하면 죽도 밥도 안 된다. 우선 하나를 정해서 그걸로 밀고 나가야 한다. 그래야 전문성이 생기기 시작한다.

목표 고객 설정의 필요성에 대해 다소 과격하긴 하지만 이렇게 비유해보겠다. 누가 당신의 배에다 주먹질을 했다. 만약 그 사람이 프로복서가 아니라면 아프기는 해도 사망에 이르지는 않을 것이다. 하지만 똑같은 힘으로 그 사람이 주먹 대신 칼을 사용했다고 한다면 어떻게 될까? 당장 구급차가 달려오고 신문방송에 흉기 난동과 사망 소식을 전하게 될 것이다. 같은 힘으로 한 것이지만 단위 면적당 가해지는 압력의 차이 때문에 전자와 후자의 영향력이 확연히 다르기 때문이다. 전자는 주먹 전체와 배가 만나는 면적으로 힘이 분산되지만, 칼로 찌르는 경우에는 대부분 칼끝이라는 아주 좁은 지점으로 집중된다. 끝이 뭉툭한 송곳으로는 두꺼운 종이 몇 장을 뚫는 것도 힘들지만 아주 뾰족한 송곳은 그 정도의 두께라면 단박에 뚫어낼 것이다.

이렇게 주먹으로 치거나 예리한 송곳으로 종이를 뚫는 행위는 곧 나의 영업력, 조직력, 제품력, 브랜드 및 광고의 효과 등을 의미하는 것이다. 같은 영업력을 갖고 더욱 좁게 잡은 목표 고객에게 마케팅하는 것이 아무나 붙잡고 하는 영업보다는 훨씬 효과가 좋지 않을까? 따라서 목표 고객 설정이 필요하다. 같은 노력을 기울여도 더 큰 효과를 보는 방법이다.

그리고 비즈니스 효율을 높이기 위해 목표 고객의 범위를 좁게 하는 것만큼이나 중요한 것은 고객의 상황에서 생각해봐야 한다는 것이다. 만약 내가 삼성의 노트북을 판매하는 사람이라고 가정을 해보자. 내가 목표로 잡은 고객은 우선 노트북을 살 생각이 있는 사람이다. 그리고 '나는 삼성 제품을 살 거야'라는 구체적인 생각을 하는 사람이다. 이렇게 범위를 좁힌 구매 의도를 가진 사람이 굳이 나에게서 사도록 만들어야 한다는 점이 가장 중요하다.

회원에게 점수를 더 많이 적립해주는 곳도 있을 수 있고, 더 싸게 파는 인터넷 가격 비교 사이트도 있고 집 근처에 대형 전자제품 매장이 있어서 훨씬 편리하게 구매할 수도 있고 지인 중에 노트북을 판매하는 사람이 있을 수도 있다. 내가 목표 고객으로 삼아야 하는 사람들이 잠재 고객이다. 굳이 나에게서 그것을 사야만 하는 이유 혹은 명분, 근거가 있는 사람이다.

고객이 찾게 하기 위해 당신이 해야할 일
로볼과 개입 상품

> 중국인은 '위기'를 두 글자로 쓴다.
> 첫 자는 위험의 의미이고 둘째는 기회의 의미이다.
> 위기 속에서는 위험을 경계하되 기회가 있음을 명심하라.
> 존 F. 케네디

이왕 박카스 광고 속 남학생을 비즈니스 현장에서 영업인으로 비유했으면 조금 더 생각해보자. 만약 남학생이 여학생의 눈에 들고 환심을 사기 위해서 무언가를 계속 연습하고 행동하는 게 아니라 여학생이 먼저 남학생을 만나고 싶어 한다면 어땠을까?

남학생이 여학생과 짝이 되는 것이 그리 어렵지는 않았을 것이라고 짐작할 수 있다. 남학생에게 매력이든 관심 가는 것이 무언가가 있어서 먼저 다가가는 상황이라면 광고처럼 여학생이 마냥 도도할 수는 없었을 것이다. 아쉬운 것은 남학생이 아니라 여대생일 테니까.

이번에는 비즈니스맨의 입장에서 한번 생각해보자. 현장에서 만약 고객이 비즈니스를 먼저 찾아오고 '상담 좀 받고 싶다'고 한다면 어떨까? 아마 '계약은 땅 짚고 헤엄치기죠'라고 할 것이다. 하지만 그런 경우는 거의 없다는 것을 우리는 익히 잘 알고 있다. 그러면 왜 고객이 우리를 찾아오지 않을까?

그건 바로 우리에게 찾아와야 하는 이유가 없기 때문이다. 우리가 팔고자 하는 제품이나 서비스를 판매하고 있는 사람이 이미 숱하게 많고, 작정하고 찾아보면 이미 잠재 고객의 주위에 그런 사람들이 대부분 최소한 한두 명은 있게 마련이다. 어차피 누구에게서나 해도 같다면 무엇 때문에 본 적도 없는 우리에게 '계약하자'고 말하겠는가. 생색이라도 내기 좋은 지인들에게서 구매하지 않을까? 아마 상담은 실컷 해놓고 정작 계약은 지인에게서 했다는 허탈한 경험을 한두 번쯤은 해보았을 것이다. 그게 그런 이유에서다. 내가 같은 마케팅하는 고객의 지인과 다른 점이 없다.

이런 경우에 대한 효과적인 방법론으로 슈퍼리치로 향하는 신기루의 법칙에서는 로볼Low Ball과 개입 상품이라는 개념을 제시한다. 이러한 방법을 사용하면 여학생은 이 남학생을 먼저 찾아오게 되고, 앞서 말한 삼성 노트북의 잠재 고객은 가격 비교 사이트나 집 근처 매장 혹은 지인을 마다하고 나에게 와서 구매하려고 하게 된다.

로볼이라는 말은 뒤에서 다시 자세하게 다루겠지만 일단 구매라는 최종적인 단계에 이르기까지의 과정 중에서 생길 수 있는 고객들의 저항과 반발을 피하기 위해서 고안한 개념이다. 이를테면 동네 공원에서 꼬마 아들과 캐치볼Catch Ball, 선수들이 서로 공을 던지고 받고 하는 연습을 하면서 야구공을 주고받는 아빠의 모습을 한번 떠올려 보면 이해가 쉬울 것이다. 아들은 아직 나이가 어린 꼬마이기 때문에 아빠가 힘껏 공을 던진다면 받아낼 수가 없다. 센 공을 던지다가 자칫 아이가 공에 맞아 크게 다칠 수도 있다. 그래서 아빠는 아들에게 아래쪽으로 공을 아주 천천히 던져주며 아이가 캐치볼에 차차 적응할 수 있도록 배려하게 마련이다.

로볼이 바로 그런 개념이다. 목표 고객 설정과 포인트를 선정해서 어렵사리 만나게 된 목표 고객이라고 하지만 아직 비즈니스맨과는 낯선 사이일 것이기 때문에 만나자마자 대뜸 '당신은 나의 목표 고객이니 이것을 구매하셔야 합니다'라고 하면 그 얘기를 순순히 듣고 '그럽시다. 계약하시죠'라고 할 고객이 있기나 할까? 당연히 '뭐야? 이 인간' 하며 자리를 박차고 나가기에 십상일 것이다. 그렇게 되면 목표 고객 설정과 포인트 선정 등으로 그동안 쌓았던 노력이 물거품이 되지 않을까?

따라서 아빠가 아들에게 공놀이에 취미를 붙여주기 위해서 처음에는 아주 낮은 높이의 공을 천천히 던져서 그것을 받을 수 있도록 적응 기간을 만들어 주는 것처럼, 고객과 만남에서도 곧장 구매를 권유하는 것이 아니라 차근차근 낮은 단계의 주고받음을 경험하도록 하는 것이 로볼의 목적이다. 로볼을 한두 번 주고받은 사이가 되면 조금 더 강한 공도 주고받을 수 있고 그런 과정을 반복하면 결국 '구매하시지요'라는 권유를 들어줄 수 있다.

이렇게 로볼이라는 낯선 개념을 일단 머릿속에 넣어두고 지금까지

행해왔던 비즈니스 경험의 과정을 한번 되짚어 보도록 하자. 우선 누가 우리의 고객이 될지 모르기 때문에 어렴풋하고 막연하게 정한 장소에 가서 그저 예쁘고 눈에 잘 띄게만 만든 전단을 수천수만 장 나눠주고 '연락이 오겠지?'라고 기다리지는 않았던가? 드물게 그런 방법을 통해서 연락이 온 사람들과의 비즈니스 미팅에서 그들을 어떻게 대했을까? 정말 고맙게 연락하신 분이니 온 정성을 다해서 대했을 것이다. 그게 열심히 온 힘을 다해서 비즈니스 하는 직업인의 자세이다.

그런데 이런 과정을 복기復碁/復棋, 바둑을 다 둔 후, 그 경과를 검토하기 위하여 처음부터 다시 그 순서대로 벌여 놓음하다 보면 '과연 나는 그동안 고객에게 무엇을 뿌렸던 것일까?' 하는 생각을 해보게 된다. 그리고 어렵사리 만난 사람에게 제품을 구매하시라는 분위기를 전달하거나 강요만 할 뿐 그 외의 별다른 무언가가 없지는 않았을까?

어디서나 어렵지 않게 볼 수 있는 제품과 상품을 마음만 먹으면 수십, 수백 명이라도 찾을 수 있는 비즈니스에 다짜고짜 능수능란한 말솜씨로 '구매하시라' 권하는 경우가 있다. 이때 고객은 필요해서가 아니라 언변과 분위기에 눌려 반강제적으로 수락한 것이기 때문에 100이면 100 거절을 하거나 구매 승낙을 하더라도 이내 곧 계약을 철회하려 들 것이다. 그러니 기껏 판매량을 올리고도 빗발치는 취소를 처리하느라 또 한동안 시간을 허비하는 악순환을 겪고 있었을 것이다.

그런데 이런 악순환의 시작은 우선 내가 잠재 고객들에게 구매 권유 말고 특별한 무언가를 함께 전달하면서 나를 고객에게 소개하지 않았기 때문일 수도 있다. 내가 판매하려고 하는 제품의 장점을 알려주는 것도 좋지만 우선은 판촉물이든 세일즈 레터이든 그것을 받아든 잠재 고객이 나에게 연락했을 때 어떤 이익을 기대할 수 있는지를 알려야 한다. 같은 종류의 제품과 상품을 파는 지인이 아니라 나에게서 구매하면 어떤 이득을 얻을 수 있는지를 알린다.

그게 로볼의 역할이다. 잠재 고객이 굳이 나에게 연락해야 하는 그 무언가에 해당하는 명분이다. 나중에 구매했을 때 지인이 '왜 나한테 사지 않았느냐'라고 해도 '이 사람은 이러므로 거기서 산 거야'라고 말할 수 있는 근거가 로볼로부터 시작된다. 마치 벌과 나비가 꽃을 찾아 날아드는 것처럼, 영업인들이 고객을 찾아 돌아다니는 것이 아니라 꽃이 되고 로볼이라는 향기를 내면 벌과 나비라는 고객이 먼저 찾아오게 되는 것이다.

벌과 나비처럼 고객들이 나를 먼저 찾아올 수 있도록 만든다는 로볼은 이렇게 잠재 고객을 찾아내는 데 필요한 노력과 과정 즉 목표 고객 설정과 포인트 선정 등에 대한 비중을 줄인다. 덕분에 한정된 시간과 노력, 돈을 세일즈의 나머지 부분에 할애할 수 있기 때문에 영업이 성공할 확률이 비약적으로 높아진다.

내게 교육을 받고 성과를 본 수많은 사례 중에 대표적인 분의 이야기를 들어볼까 한다. 미술학원을 운영하는 최민준 원장은 인근 학원과의 경쟁으로 그리고 같은 연령대를 겨냥한 다른 학원들과의 치열한 경쟁으로 고민하고 있었다.

광고비를 많이 쓰면 반짝 효과는 있었지만 지속되지 못했다. 그렇다고 그나마 활동도 하지 않으면 앉아서 줄어들기만 하는 학생들에 대해서 아무런 대책이 없는 곤혹스러운 상황에서 내게 찾아와 상담을 요청했다. 집중적인 교육과 컨설팅을 통해서 최 원장은 자기 자신만의 방법을 찾아내 적용해서 지금은 엄청난 성공을 거두고 있다. 연초가 되면 '내 아이를 보내고 싶다'는 접수 문의가 쏟아지고 이미 그다음 해의 접수를 하고 있을 정도로 폭발적인 인기를 끌고 있다.

인근의 경쟁 학원들뿐만 아니라 언론 매체에서도 최 원장의 이런 성공에 많은 관심을 보여 여러 텔레비전 프로그램에 출연해 아동 교육 분야에서 전문가로서의 입지도 이미 탄탄히 구축하고 있을 정도다. 그렇다면 최 원장이 과연 어떻게 했기에, 어떤 로볼을 던졌기에 그렇게 놀라운 반응을 얻게 된 것일까를 설명해보자. 최 원장과의 멘토링에서도 먼저 했던 작업이 목표 고객 설정이었다. 아동 미술 교육이라는 목표시장에는 너무나 많은 경쟁자가 이미 저마다의 위치를 잡고 있어서 틈을 비집고 들어가서 성공하고 꾸준히 성장한다는 것이 어려운 상황이었다.

이런 상황인지라 우리는 목표 고객을 보다 좁혀 잡기로 했다. 바로 남자 어린이만을 전문으로 하는 미술교육이라는 작은 시장이었다. 처음에는 최 원장도 고개를 갸우뚱했다. 여자아이들이 더 많은데 그렇게 하다 보면 시장성이 점점 줄어드는 게 아닌가 했다. 대부분이 생각하는 것도 이와 크게 다르지 않을 것이다.

한데 여기에 중요한 함정이 있다. 한 곳의 미술학원이 수용할 수 있고 교육할 수 있는 한계가 있다. 그것도 그리 큰 규모는 아니다. 이를테면 건물의 크기와 교육을 할 교사의 숫자 그리고 거리상으로 최 원장의 학원에까지 아이를 보낼 수 있는 주거지가 한정되어 있다. 인구통계학적으로 여자아이의 출생비율이 남아보다 훨씬 높다거나 하는 부류의 걱정은 굳이 하지 않아도 된다. 남자아이를 대상으로 하는 미술교육이라고 시장을 절반 이상 툭 잘라내도 시장의 규모는 이미 충분하다. 이를테면 '내 목표 고객은 내한민국의 0.1%다'라고 해보자. 과연 그 규모가 얼마나 될까? 5만 명이다. 사람들이 '그러면 시장이 줄어드는데?'라고 하는 걱정은 그야말로 쓸데없다. 걱정하지 마시라. 우리가 활개 치고 다닐 만큼 시장은 충분히 크다.

다시 최 원장의 남아 전문 미술학원의 사례로 돌아와 보자. 최 원장이 이렇게 좁게 잡은 목표 시장을 향해 어떤 행동을 했을까? 바로 향기를 풍기는 꽃이 되어 벌과 나비가 저절로 찾아들도록 만든다는 로볼을 던졌다. 누구에게? 목표 고객 즉, 미술학원에 갈 나이가 된 아들을 둔 엄마들이 대상이다.

로볼의 종류에는 정보, 경품, 체험, 샘플, 할인이 있는데 이런 여러 종류의 고객 혜택 중에서 적합한 하나를 골라 구사하는 것이다. 최 원장의 경우에는 정보를 로볼로 정했는데 남자아이의 미술교육에 대한 각종 정보와 지식을 작은 책자에 담은 정보집을 목표 고객들에게 뿌렸다. 그 정보집의 제목은 이렇다. '딸로 태어난 엄마는 죽어도 모르는 아들 미술교육 노하우'였다.

'우리 애가 도무지 산만하고 장난만 치는데 어떻게 하면 차분한 성격으로 바꿀 수 있을까요?'와 같은 걱정이 많은 엄마들이 모여 있는 인터넷 카페 등에 홍보와 게시글을 작성하고, 네이버 지식 iN과 같은 인터넷 게시판과 인터넷 이곳저곳에 정보집을 요약한 짧은 글을 올렸다.

당연히 아들 교육에 관심이 많았던 엄마들이 그 글을 읽어보고는 '나도 한 부 보내 달라'며 앞다투어 정보집을 요청했고 이들 대부분은 최 원장의 미술학원에 등록하게 됐다. 자기가 궁금하고 적절한 조언을 받을 수 있는 전문가로 생각되는 사람이 바로 앞에 있는데 엉뚱한 곳에다 아들의 미술교육을 받도록 하지는 않을 것이다.

이렇게 최 원장의 남아 전문 미술학원은 아들을 가진 엄마의 마음을 정확하게 알고 상품과 적절한 연관성을 가진 주제로 접근한 덕분에 엄청난 성공을 거두고 있다. 정확한 목표 고객을 겨냥해 잘 만든 로볼은 이렇게 마치 꿀을 찾아 꽃으로 모여든 벌과 나비처럼 나의 목표 고객을 내 앞에 모이게 하고, 원활한 상품 판매에도 도움이 되는 프로세스를 만들어 낸다. 슈퍼리치 영업의 기술은 이렇게 상황에 꼭 맞는 해결책을 제시하는 명확한 방법론으로 성공을 보장한다.

이해를 돕기 위해 더욱 다양한 로볼의 사례를 짤막하게나마 소개해 본다. 성형수술을 받고 싶은 사람들을 대상으로 성형을 받았을 때 얼굴이 어떻게 변하는지를 포토샵으로 즉석에서 그려주며 상담하고 잘 맞는 병원을 소개해주는 서비스, 찌든 담배 냄새 때문에 고민하는 가게와 업장을 방문하여 살균과 탈취 서비스를 무료로 제공하는 깨끗한 공기 질 관리 서비스, 한 달에 한 번씩 3년간 차량이 있는 곳으로 방문하여 고객의 차량을 점검해주는 출장 서비스 등이 실제로 이미 현장에서 상당한 성과를 거두었다. 로볼로 지금까지 반복적으로 검증되고 있는 효과를 증명할 수 있는 극히 일부 사례다.

이렇게 로볼이라는 새로운 개념을 통해서 비즈니스와 매출에 얼마나 큰 영향을 미칠 수 있는지를 최 원장의 미술학원 사례로 간략하게 알아보았다. 다음은 로볼과 함께 슈퍼리치 영업의 기술에서 떼어낼 수 없는 중요한 요소인 개입 상품에 대해 알아보도록 하자.

인터넷으로 중고물품을 거래하는 경우가 흔한데 아마 이런 상황을 만난 적이 있으신지 모르겠다. 필요한 물건이 있는데 굳이 비싼 돈을 주고 새 제품을 구매하기가 아까워서 중고물품 카페에서 적합한 물건을 구경하고 있는 사람이 있다고 해보자. 그런데 마침 구하려고 하는 물품을 '사용하지 않는 중고 물품 팔아요'라며 게시글을 올려놓은 사람이 있다. 연락하고 약속 장소에 돈을 준비해서 나갔는데 난데없이 '사정이 생겨서 나가지 못하게 돼서 죄송합니다'라는 문자가 왔다.

난감한데 이것에 대해 '이러는 법이 어디에 있느냐? 미리 말이라도 해 줬으면 여기까지 나오지 않았을 것 아닌가?'라고 항의를 하자 판매자가 '죄송하지만 나가기 힘든 사정이라 그러는데 제가 있는 곳까지 와 주시면 1만 원 더 깎아드릴 수 있다'라고 다시 연락을 보낸다.

만약 이런 상황이라면 당신은 어떻게 하시겠는가? 1만 원을 더 깎아주기 때문이 아니더라도 이미 돈과 구매를 위해 밖으로 나와 이동한 것이 아까워서라도 어지간하면 '어디에 계신데요? 어디로 가면 되는 건데요?'라고 하기 십상이다. 나는 이것을 개입된 것이라고 설명한다. 판매자가 이미 의도한 상황에 구매 희망자가 성큼 개입되어 있으므로 어지간해서는 원래 계획했던 구매 행위를 포기하려 하지 않는 사람의 습성을 적절히 활용한 사례라고 할 수 있다.

이렇게 고객이 판매자의 판매 의도에 개입할 수 있게 하는 것이 바로 개입 상품이다. 잘 설계된 개입 상품은 잠재 구매자가 구매 상담에서 곧장 결정하지 않고 뒤로 미뤄두더라도 결국은 나에게서 구매할 가능성을 대폭 높여주는 놀라운 역할을 해낸다.

보디빌딩 계의 전설이라 불리는 이진호 선수의 가르침을 받아 운동을 한 적이 있는데 집중 트레이닝은 생각보다 훨씬 힘들었다. 일주일에 엿새를 하루 2시간씩 헬스장에서 운동하며 몸을 만들며 건강을 되찾으려 노력을 기울이고 있었다.

그런데 점차 하루가 다르게 몸이 좋아지면서 생각지도 않았던 부수적인 효과까지 보게 됐는데 원래는 계획에도 없었던 식습관을 고

치게 된 것이다. 어렸을 때부터 그러기는 했지만, 워낙 컨설팅에 교육에 바쁘다 보니 나는 끼니를 제때 챙기는 법이 없었다. 그런데 너무나 힘든 트레이닝을 소화하려면 어쩔 수 없이 식사해야 했고 트레이너가 시키는 대로 하였다.

그럴 수밖에 없었던 것이 트레이너는 과거의 식습관을 고집하면 근육이 잘 만들어지지도 않을 뿐만 아니라 기껏 만들어 놓은 근육도 쉽게 빠져버린다고 말했다. 아니 몇 달 동안 그렇게 힘들게 돈과 시간을 들여가면서 만든 근육인데 고작 식습관 때문에 사라져 버린다면 얼마나 억울하겠는가. 어쩔 수 없이 나는 그동안 들인 노력이 아까워서라도 식습관을 고칠 수밖에 없게 됐다.

트레이너의 훈련에 나도 모르게 참여하여 시키는 대로 했다. 확실하게 돈도 냈기 때문에 이 헬스 트레이닝 상품의 구매에 있어서 내가 갑甲이었지만 어느 순간부터인가 나는 트레이너가 하자는 대로 순순히 따라 하는 을乙이 된 것이다. 잘 만들어진 개입 상품으로 인해 영업인과 구매 고객의 관계가 전형적인 갑을 관계에서 뒤바뀔 수 있는지를 몸소 겪었다.

이렇게 애써 만든 몸을 유지하려고 식습관까지 바꾼 나나 중고 물품을 사러 판매자의 동네에까지 가게 된 구매자에게는 그동안 들인 비용과 시간에 대한 본전심리가 작용했다. 이 원리를 비즈니스에 접목한 것이 바로 개입 상품으로, 일단 개입 상품을 받거나 구매하게 된 사람은 최종적으로 구매하게 될 확률이 높아질 수밖에 없다.

개입 상품의 효과에 조금이나마 관심을 두게 됐다면 '그러면 무엇으로 고객을 개입시킬 수 있을까?' 하는 생각을 하게 마련이다. 고객이 무언가를 가지고 있어 영업인의 계획에 자발적으로 들어오도록 만든다. 이러한 방법에는 몇 가지로 정해진 것만 있는 것은 아니라는 생각을 해내면 해낼수록 더 많은 개입의 여지를 찾아낼 수 있다. 그중에서 대표적인 것은 돈과 시간 그리고 노력이라는 3가지 요소이다. 실제로 세일즈 현장에서 이 3가지만 잘 활용해도 고객을 개입시키는 것은 어렵지 않다.

예를 들어 내가 오랫동안 피부에 말썽이 생겨 심한 고생을 하고 있어서 어지간한 화장품을 사용할 수 없어 고민 중이라고 가정해 보자. 신문 잡지나 인터넷 카페 혹은 블로그 아니면 과 친구가 알려준 정보를 통해서 아주 효과가 좋은 화장품을 알게 됐다. 워낙 이것저것 좋다는 것은 죄다 써봤지만, 그때마다 별반 효과를 보지 못해서 그냥 또 한 번 속는 셈 치고 문의를 했더니 상담원이 친절하게 사람마다 원인이 제각각이기 때문에 피부를 정확히 측정해야 효과적인 조언을 할 수 있다고 답했다.

구매할 생각은 아직 전혀 없는 상태이지만 그래도 전문가라고 하니 피부 상태를 살펴보고 조언을 들어보는 것은 나쁘지 않겠다는 생각에 상담에 응하게 됐다. 그런데 막상 상담을 받고 나서 판매자에 대한 신뢰가 생기기 시작했고 '이 사람이 추천해주는 화장품이라면 한 번 사볼 만할 것 같다'는 생각이 들었다.

이때, 판매자가 피부 점검을 위해 만나러 찾아올 의사가 있느냐고 물었다. 이미 상담을 통해서 어느 정도의 신뢰감이 쌓였기 때문에 약속을 잡았다. 그런데 사무실이 좀 먼 거리에 있는 곳인 데다, 피부 상태를 볼 수 있는 시간도 평일밖에 안 된다고 해서 회사에 휴가를 냈다. 지긋지긋한 피부 문제만 제대로 잡을 수 있다면 그 정도는 감수할 만하다고 생각했을 것이다.

약속 당일, 약간은 기대감 섞인 설레는 마음으로 판매자의 사무실에 방문했고 이런저런 피부 점검을 받은 뒤에 다행히 나의 피부 문제를 잠재울 수 있는 화장품이 있다는 소식을 들었다. 당장 구매하겠다고 했더니 아쉽게도 소량 생산되는 제품이어서 열흘 정도 기다려야 한다고 하며, 대신 몇 가지 샘플을 넉넉히 넣어주고 무료로 택배까지 보내준다고 했다. 어차피 들고 가려면 짐인데 잘 됐다 생각하며 흔쾌히 기다림을 감내하고 결제를 완료했다.

이런 이야기를 하면 마케팅 분야에 종사하고 있는 사람들은 그냥 피식 웃어넘기고 '그게 말이 되냐? 손님이 그렇게 해준다고요?'라고 되물을 것이다. 물론 지금까지 수많은 반복해왔던 판매자와 구매자와의 전통적인 역학관계라면 그렇게 생각하는 것도 무리는 아니다. 하지만 냉정하게 판단해보자. 영업인이 철저하게 을乙이고 고객이 절대 갑甲인 입장에서 고객이 희생하는 것이 별로 없었다. 아마 '고객은 희생하는 게 하나도 없었구나'하는 사실을 새삼 알게 될 것이다.

늘 고객이 원하는 장소로 찾아갔고, 고객이 원하는 시간에 맞춰 방문해 왔다. 그리고 고객이 원하는 요구 조건을 어떻게 해서든 맞춰 주려다 보니 결국 판매가 이뤄지더라도 남는 것이 거의 없는 곤란한 상황에 부닥치기 일쑤였다. 흔히 '앞으로 벌어서 뒤로 밑진다'는 표현이 어쩌면 비즈니스맨들의 평균적이고 일반적인 상황을 적절하게 설명해 준다.

하지만 따지고 보면 이런 절대적인 갑을 관계는 비즈니스맨들이 자초한 것이 아닐까? 고객들이 돈이나 시간, 노력 아무것도 쓰지 않았으니 본전 심리를 느낄 게 전혀 없으므로 기껏 들을 설명 다 들어놓고는 '글쎄요. 다음에 생각해보도록 하죠'라고 너무나 쉽게 거절을 할 수 있었던 것은 아닐까?

그런데 조금 전에 사례로 든 화장품 구매 고객의 경우는 어떨까? 친절하고 자세한 상담 과정을 통해서 심리적인 장벽이 어느 정도 허물어졌기 때문에 비즈니스맨이 원하는 장소로, 비즈니스맨이 원하는 시간에, 비즈니스맨이 원하는 형태로 찾아오게 만든 것이다.

그곳에 찾아가고 휴가를 내는 노력을 고객 스스로 했다는 것은 이미 기본적인 구매 의사가 있다는 뜻으로 봐도 무방하지 않을까? 이런 상태에 있는 고객들은 자신이 들인 시간과 노력이 구매를 정당화시켜주는 역할을 하게 된다. 생각보다 기대에 미치지 못하는 화장품을 보게 됐더라도 '괜찮을 거야. 효과가 있을 거야'라는 자기암시를 스스로 하게 된다. 이미 판매자가 제시한 상황에 들어왔다.

이렇게 고객에게 작은 무언가를 판매자에게 투자하도록 함으로써 구매라는 최종적인 결과에 거부감을 느끼지 않고 자연스럽게 유도하는 것이 개입 상품의 놀라운 효과다. 이렇게 설명해 드렸음에도 불구하고 '고객이 과연 돈을 내고 개입 상품을 사려고 할까요?'라고 의심하는 분이 반드시 있으실 것이다.

의심이 남은 분을 위해 사례 하나를 더 살펴보자. 강아지를 매우 좋아하는 B라는 사람이 있다. 그는 이른바 개 전시회에 출전할 만한 강아지를 입양해 훈련을 시켜 도그 쇼Dog Show에 출전, 우승하고 싶은 소망이 있다. 그러기 위해서는 체계적으로 잘 훈련을 시켜줄 수 있는 훈련소와 트레이너를 찾는 것이 관건이라 마땅한 사람을 찾기 위해서 여기저기 관심을 두고 수소문하는 중이었다.

뜻밖에 이렇게 개 전시회에 참가하기를 바라는 애견인들이 적지 않다. 이렇게 돈을 들여 훈련을 시키려는 사람들이 사룟값을 아끼겠는가? 간식값을 아끼겠는가. 애견 시장은 이렇게 관심 있는 사람들만 아는 상당히 큰 시장이다. 이런 애견인들을 대상으로 애견 훈련소가 개입 상품을 만든다면 어떤 것이 효과적일까?

이를테면 이런 방법은 어떨까? 각종 로볼을 통해서 이미 확보된 잠재 고객들에게 개 전시회 출전을 위한 애견 훈련 적성 평가를 10만 원가량의 돈을 받고 진행하는 개입 상품을 판매한다. 그리고 이런 평가를 눈 가리고 아웅 하는 식으로 하는 것이 아니라 매우 신중하고 엄격하게 진행한다. 측정하는 동안 간단한 훈련도 진행하고 개 주인 교육을 겸한 애견 훈련 컨설팅도 한 시간가량 진행하면서 애견을 평가한 결과를 기다리는 것이다. 그렇게 해서 기준점 이하의 결과가 나왔다면 훈련소를 들어갈 수 없다. '10만 원이나 냈는데도 왜 훈련을 안 시켜주느냐?'고 항변할 수 있겠지만 절대 받아주지 않는다고 잘라 말한다. 10만 원도 평가와 컨설팅 비용인 셈이니 돌려달라는 말을 쉽게 할 애견인은 없을 것이다.

그리고 이렇게 엄격하게 검증된 평가를 거쳐 합격했다고 하면 애견인은 추가로 훈련소 입소 비용을 또 내야 한다. 대신 평가에 합격한 애견이 현장에서 바로 훈련소에 입소를 희망할 경우에는 참가한 비용을 공제한 비용만 입소 비용으로 낼 수 있는 특전을 준다고 공지한다.

당신이라면 어떻게 하겠는가? 돈을 내고도 훈련받지 못하는 훈련소이니만큼 오히려 그 신뢰도와 공신력을 더 인정하지 않을까? 그리고 어차피 훈련소에서 훈련을 받게 할 생각이 있었기에 평가까지 받게 했던 만큼 이미 치른 10만 원을 아낀다는 명분도 있으므로 나머지 비용을 그 자리에서 결제하고 훈련소에 자신의 애견을 맡기고 돌아오면서 무척이나 흐뭇하고 뿌듯해할 것이다. 어떠신가? 돈을 받는 개입 상품이 현실적이지 않다고 말할 수 없다.

참고로 이 가상의 사례에 나오는 B라는 사람이 바로 나다. 실제로 이런 훈련소가 있다면 나는 돈이 얼마가 됐든 시험을 거치고 또 바로 그 자리에서 입소시킬 것이다. 엄격한 평가를 통과한 애견이라는 뿌듯한 마음으로 아마 돌아올 것이다. 개입 상품 자체를 돈을 받고 판매하는 것이 어렵다는 생각도 이제 다시 생각해볼 필요가 있는 고정관념이다.

고객의 마음을 여는 설득의 도구
레터

희망은 볼 수 없는 것을 보고,
만져질 수 없는 것을 느끼고, 불가능한 것을 이룬다.
헬렌 켈러

슈퍼리치 영업의 기술인 신기루의 법칙을 착실하게 따라 하기만 하면 성공할 수 있다고 말하는 중요한 근거 중 하나가 로볼과 개입 상품이고 이를 지금까지 살펴보았다. 이제는 영업인들이 이미 잘 알고 있다고 생각하는 레터Letter에 관해서 말할 차례이다.

이 레터는 사전적인 단어의 뜻처럼 편지만이 아니라 세일즈 현장에서 쓰이는 문자와 이미지로 구성된 모든 홍보물을 총칭하는 표현이다. 고객에게 전달하고자 하는 메시지가 바로 이 레터를 통해서 전달되는데 그 종류는 크게 온라인 레터와 오프라인 레터로 나눌 수 있다. 어느 쪽이든 레터를 받은 잠재 고객으로부터 문자나 전화 혹은 전자우편이나 팩스 등을 통해 답장을 받으려는 목적이 있다. 즉, 레터를 통해서 얻고자 하는 것은 설정한 타깃 고객들로부터 로볼을 던지고 뒤에서 설명할 세일즈 프로세스의 단계를 하나하나 밟아서 올라갈 수 있는 디딤돌을 만드는 것이다.

로볼과 개입 상품보다 주목받지는 못해도 이 레터는 세일즈 프로세스에서 매우 중요한 역할을 하고 있다. 레터가 없으면 아무리 잘 만들어진 로볼과 개입 상품을 잠재 고객에게 알릴 방법이 없다. 좋은 레터란 결국 피드백이 많이 오는 것이다. 이렇게 답장을 많이 받을 수 있는 레터를 만들기 위해서는 몇 가지 필요한 요소들이 있다. 바로 콘셉트, 문제, 해결, 로볼, 근거, 요청, 반복, 한정 등이다. 사전적인 의미는 알고 있으나 갑자기 등장하는 단어들이 있어서 어리둥절할 수도 있을 것이다. 이제부터 실제로 내가 세일즈 현장에서 사용했던 레터로 설명해보겠다.

돌파구가 없어 고민하는 비즈니스맨들을 대상으로 하는 멘토링 교육에 대한 레터

우선 콘셉트는 레터를 통해서 내가 얻고자 하는 기대 효과가 무엇인지를 결정하는 것이다. 이 단계에서는 어떤 로볼을 고객에게 줄 것이고, 잠재 고객들에게 어떤 사람이라는 알릴 것인지를 결정하며 또 고객이 어떤 행동을 하도록 유도할 것인지를 미리 결정하는 단계이다.

문제는 현재 또는 앞으로 이 레터를 받아 든 잠재 고객에게 벌어질 문제 상황을 묘사하는 문구를 말한다. 레터 중에서 가장 눈에 잘 들어오는 상단의 헤드 카피로 쓰거나 아니면 본문에서도 사용할 수 있다. 위에서 예로 든 레터에서는 '연고 시장이 떨어져 가시나요? 소개가 쉽게 나오지 않던가요?'가 문제에 해당한다. 이 레터를 받아 든 잠재 고객 즉, 이젠 더 만나서 구매를 부탁할 지인들이 없어 고민인 영업인들에게 그 고민을 알고 있다는 사실을 알려주는 효과가 있다.

다른 표현을 예를 들어보겠다. '오라는 곳은 없지만 갈 곳은 많다? 아직도 열정만으로 영업하며 묵묵히 열심히 하시나요?'라는 광고 문구도 괜찮을 것이다. 레터를 받아 든 영업인들이 '맞아, 내가 그런 고민이 있지'라며 고개를 끄덕이게 만드는 문구를 써넣으면 된다.

해결은 조금 전에 문제로 거론됐던 것들이 해결된 행복한 상황을 상상하도록 만드는 문구이다. 문제와 마찬가지로 헤드 카피나 본문에 사용한다. 예를 들어, '남들과 달리 생리통의 고통이 없는 그날을 원하시는 분'이다. 자녀를 서울대학교에 보내고 싶은 부모를 대상으로 하는 레터라면 '맨날 꼴찌만 하던 우리 태훈이가 서울대학교에 합격했어요!'라는 표현이 좋고, 영업인들에게라면 '그냥 앉아있는데 상담 요청 전화가 쏟아지네요?' 등을 생각해 볼 수 있겠다. 모두 잠재 고객들의 문제를 말끔하게 풀어 없앤 행복한 상황을 묘사하는 문구이다.

로볼은 앞에서 설명했던 것과 같은 내용이다. 다만 레터에 들어가는 경우에는 원래 로볼의 일부만이 보이게끔 가려서 뽑아 만들거나 고객의 눈길을 끌 만한 제목이나 목차 정도만을 넣으면 된다. 이 레터를 읽고 고객이 우리에게 로볼을 요청하는 것이 목적이므로 전부를 보여주는 것이 아니라 그것에 대한 잠재 고객들의 호기심을 불러일으키는 정도의 역할을 한다.

근거는 잠재 고객들이 레터를 보낸 영업인에 대한 믿음이 생길 수 있도록 하는 역할로 나아가 레터 본문에 대한 신뢰를 느끼게끔 한다. 근거 대부분은 이미 고객이 현재 사용하고 있거나 체험해 봤던 고객들의 후기나, 영업인과 고객들이 함께 찍은 사진들을 넣는다. 일반 광고에서도 흔히 볼 수 있는 전문가나 유명인들의 증언식 광고Testimonial Advertisement가 여기에 해당한다.

요청은 레터를 받아보고 관심이 생긴 잠재 고객들이 어떻게 행동해야 하는지를 구체적으로 알려주는 부분이다. 일반적으로 레터를 보낸 사람과 연락할 수 있는 전화번호, 전자우편 주소, 홈페이지 주소 등을 적어놓는다.

반복은 앞서 설명한 중요 항목들을 레터 전체를 통해서 최소한 두

세 번 반복해야 한다는 것으로써 잠재 고객에게 레터의 중요 내용을 각인한다.

마지막 레터의 형식 요소는 한정이다. 이는 레터에 열거된 혜택이 언제나 제공되는 것이 아니라 레터를 받아 든 사람에게만 한정된 시간 동안 제공되는 것이라는 사실을 알리는 것이다. 이러한 한정은 다양한 마케팅 캠페인에서도 사용되는 것이기 때문에 새로운 아이디어를 도입하는 적극적인 자세가 필요하다. 이를테면 오프라인에서 사용하는 경우 레터의 우측 하단부에 빈칸을 두어 그곳에 도장으로 번호를 매겨 무차별적으로 뿌려지는 흔한 전단이 아니라 나름의 희소성을 갖춘 것이라는 느낌을 받을 수 있도록 한다.

이렇게 레터에 들어가야 하는 8가지 요소를 설명했다. 뒷장에서도 실제로 사용한 온라인 레터와 오프라인 레터의 본보기로 자세하게 설명해보겠다. 소개된 레터는 일반적으로 광고기획사 등을 통해서 만드는 전단과는 약간 다르므로 '난삽하지 않은가?' 하는 생각을 하시는 분들도 있을 것이다. 하지만 전단은 이러한 레터의 본래 목적을 생각해 보아야 한다. 예쁜 모델과 디자인이 깔끔한 전단이 목적이었는지 아니면 잠재 고객들이 버리지 않고 받아보면서 내용을 읽어보는 것이었는지 깊이 생각해보자. 결국 '반응이 확실히 다른데?' 하고 감탄하게 될 것이다.

레터나 전단, 현수막, POP Point of Purchase Advertising, 매장의 외부 전면 또는 통행인의 구매 심리를 자극하는 다양한 형태의 광고물 등은 사람들의 눈에 띄는 것이 목적이지 예쁘고 세련되게 만드는 것이 목적이 아니다. 목적과 수단은 구분할 수 있어야 하지 않을까? 그리고 또 하나, 레터를 기획할 때 염두에 두어야 할 것은 아래에 있는 잠재 고객들의 마음속에 일어날 6가지다. 일반적인 전단이든 슈퍼리치 영업의 기술이 말하는 레터이든 이것을 받아 든 고객들의 마음속엔 이런 생각이 들 것이다.

첫째, 내가 이 레터를 왜 읽어야 하는 건데?

둘째, 도대체 이게 무슨 의미일까?

셋째, 그게 나한테 무슨 이익이 된다는 것이지?

넷째, 그래서 어떻게 하라는 건데?

다섯째, 당신 말고도 그런 말을 하는 사람이 더 있는지 알고 싶군.

여섯째, 나 말고도 구매한 사람이 더 있는 거겠지?

이렇게 잘 기획한 레터를 통해서 잠재 고객들이 보자마자 주의를 끌 수 있어야 하고 호기심을 일으켜서 '응? 이게 뭐지?' 하는 생각이 들도록 만들어야 한다. 그래야 로볼이든 개입 상품이든 진행할 수 있다. 레터는 만들어보고 검증하고 다시 만들고 검증하는 과정을 거치면서 점차 효과가 높아진다. 요소를 반영한 세일즈 레터를 만들어 효과를 보시길 바란다.

5

고객은 상품이 아니라 전문성에 반한다
멘토 포지셔닝

> 소신껏 이룬 성공이 아니라면, 남 보기에 좋아도
> 스스로가 좋다고 느끼지 못한다면 그것은 전혀 성공이 아니다.
> 안나 퀸드랜

•
•
•

슈퍼리치 영업 기술의 구체적인 방법론으로 지금까지 목표 고객 설정과 포인트, 로볼과 개입 상품, 레터 등을 훑어보았다. 여기까지는 영업인이 잠재 고객과의 실제 미팅 이전까지의 단계에 대한 것들이다. 지금 설명할 멘토 포지셔닝은 고객과 만남에서 영업인이 전형적인 을乙의 처지가 아니라 고객이 필요로 하는 제품이나 서비스를 제공해주고 조언자가 될 수 있도록 하기 위한 방법론이다.

이번에도 명백하게 '말이 되느냐?'라는 생각으로 반문하려는 분들도 있으실 것이다. 일단 슈퍼리치 영업의 기술과 그동안 수없이 검증돼왔던 사례들을 일단 믿어 보시길 바란다. 우선 포지셔닝이라는 말은 주위에서도 흔하게 들을 수 있는 널리 사용되고 있는 표현으로 '잠재 고객을 포함하여 고객들이 비즈니스맨들을 어떤 사람이라고 생각하고 여기고 있느냐?'에 대한 것이다.

고객이 나를 주위에서 흔히 볼 수 있는 세일즈맨이라고 생각하고 있다면, 어떤 방법을 동원하거나 좋다는 마케팅 아이디어를 적용한다고 하더라도 고객들은 무심하게 그저 거절할 것이다. 그러면서 별다른 아쉬움을 느끼지 못하게 된다. 수많은 영업인과 다를 바가 없다고 생각하고 있다. 말 그대로 1/N의 대우를 받게 되는 것이다.

그렇지만 앞에서 사례로 언급됐던 남아 전문 미술교육학원을 운영 중인 최 원장은 남자아이들에 대한 미술교육에 대해 이미 수많은 학부모와 언론 매스컴을 통해서 노출된 만큼 최고의 전문가로서 인정받는다. 강연 프로그램에 나와서 청중에게 강의하고 쏟아지는 질문을 여유롭게 받아넘기는 모습을 보면서 나는 정말 큰 보람을 새삼 느꼈다.

만약 자기의 어린 아들에 관해서 이런저런 고민을 하고 있을 때 이를테면 '주의가 너무 산만하고 지나치게 활동적인 아들이 걱정되어서 그림 그리기를 가르치면 애가 좀 차분해지지 않을까?' 걱정하는 엄마가 최 원장에게 조언을 구하는 경우를 생각해보자. 아이의 엄마와 최 원장의 관계는 어떻게 될까?

학부모에게 잘 보여서 수강생 한 명을 더 늘리려고 하는 을Z의 처지일까 아니면 '바쁜 시간 내서 조언을 주셔서 너무나 감사해요, 원장님'이라고 아이 엄마에게 깍듯한 인사를 받는 멘토의 입장일까? 생각할 필요도 없다. 당연히 후자이다.

최 원장은 이미 자신의 사업 분야에 관한 한 최고의 전문가이다. 수 많은 언론 매스컴의 보도가 그것을 뒷받침해주고 있고, 곳곳에서 펼친 강연 현장의 사진과 인터넷 블로그 카페 등에 올라와 있는 효과에 대한 네티즌들의 증언들 그리고 실제로 교육을 받은 학부모들의 증언이 '전문가가 맞을까?'를 의심할 조금의 여지조차 주질 않는다.

이렇게 확실한 멘토로서의 포지셔닝을 가진 경우라면 '계약하시죠?'라는 말을 잠재 고객에게 건넬까? 말을 꺼낼 필요조차 없이 '입학만 하게 해주십사' 부탁할 것이 확실하다. 슈퍼리치 영업 기술인 신기루의 법칙 방법론에서 멘토 포지셔닝이 차지하고 있는 비중이 큰 이유는 갑과 을이라는 전통적인 역학관계를 단번에 뒤집을 수 있기 때문이다.

막연하게 긍정적인 생각을 한다고 해서 수많은 현실에서의 문제들이 사라지지는 않는다. 나도 긍정적인 생각과 마음가짐이 얼마나 큰 효과를 가져올 수 있는지를 잘 알고 있고 인정하지만, 멘토 포지셔닝과 같은 구체적인 방법론이 뒷받침되어 주지 않는다면 성공은 보장되지 않는다. 그런 큰 성공과 행운이 내 방문 앞까지 와서 기다리고 있다면 최소한 문을 열어 그것을 맞아들이는 성의는 보여야 하지 않을까?

멘토 포지셔닝의 첫 번째 요소가 '내가 어떤 사람으로 알려지기를 원하는가?'를 결정하는 것이라면 그다음은 '나를 어떻게 알릴 것인가?'이다. 앞서 소개한 사례에서 최 원장이 남아 미술 교육 분야의 전문가로 알려지고자 했다면 구체적으로 그 전문성을 어떤 방법으로 알렸는지에 대해 알아본다.

따라서 멘토 포지셔닝에는 전략적인 대외활동이 필요하다. 시간과 돈 그리고 노력을 들여 나 자신을 어떤 분야에서의 전문가로서 알리고 인정받고자 한다면 성과를 나타내기 위해서 정교한 실행계획의 수립과 실천이 뒤따라야만 한다. 그냥 나를 전문가로서 알리고 싶다고 해서 메가폰을 들고 거리로 나가서 '내가 전문가입니다'라고 할 수는 없지 않은가.

다행히도 지금은 인터넷이라는 소통 채널이 오프라인 소통 채널 이상의 효과를 보인다. 텔레비전이나 신문 잡지에 출연하는 것은 어려울지 몰라도 인터넷을 통해서 나 자신을 한 분야의 전문가로 자리 매김하는 일은 쉽게 가능하므로 인터넷을 하나의 채널로 활용한다.

어떤 것은 하고 어떤 채널은 하지 않고의 개념으로 접근해서는 안 된다. 알고 지낼만한 가치가 있는 사람, 이 문제에 관해서라면 의견을 물어봐야 하는 사람이 되고자 한다면 인터넷 블로그를 운영하고, 카페 활동을 병행해야 하며 페이스북과 카카오스토리 등 모든 가용한 SNS Social Network Service 채널을 총동원해야 한다. 책자 형태로 만드는 것이 당장 어렵다면 콘텐츠의 분량이나 제작 예산 등에서 한결 수월한 전자책이나 PDF 파일로 정보집을 만들어서 그것을 원하는 사람들이 쉽게 참고할 수 있도록 준비해야 한다. 전문가로서의 활동을 영상으로 담아서 꾸준히 갱신해야 한다.

특히 검색 엔진 최적화Search Engine Optimization나 블로그 최적화 등의 다양한 기법들이 지속해서 변화하기 때문에 겪을 수밖에 없는 어려움은 꾸준히 활동하고 콘텐츠의 품질을 유지해야 감당할 수 있다.

내가 강의를 통해서 멘토 포지셔닝을 구축하기 위해서 멘티들에게 중점을 두고 활동할 것을 권하는 각종 채널에는 인터넷 카페, 블로그, 기타 온라인 채널, 정보집, 기사 노출, 방송, 업계 전문지, 칼럼 기고, 지식 iN 활동, 출판, 강연, 각종 학습 모임, 관련 봉사활동, 오픈 백과사전, 노하우 집, 명함, UCC 광고, 소식지, 이슈, 캠페인, 트위터, 인스타그램, 페이스북 등이 있다.

이렇게 각종 채널을 통해서 수집한 모든 DB는 반드시 체계적으로 정리한 다음에 오프라인 소식지나 온라인 웹진, 전자우편 등을 통해서 지속적인 관계를 형성해야 한다. DB의 진정한 가치는 모으는 것이 아니라 그것을 어떻게 활용하는가에 있다. 이 중에서도 개인적으로 가장 좋은 채널이라고 생각하는 것이 바로 외부 강연이다. 청중은 보통의 채널 활동으로 수집한 고객에 비해서 전문성을 어느 정도는 이미 인정한 상태이다. 그리고 이렇게 강연 활동을 하게 되면 청중 가운데 몇 명에게서라도 자필 후기를 받아두는 것이 좋다. 미리 관련된 후기용 용지를 준비, 강연 시작 전 나누어 주었다가 끝난 후 받아두면 편리하다. 그리고 수강생들이 후기 하단에 강연자에게 상담받고 싶은 것에 대해 기재하도록 하면 후기 작성률이 높아진다. 이것도 일종의 로볼인 셈이다.

내가 가진 정보 등을 각종 채널을 통해서 알리며 수집한 DB는 통상적인 콜드 콜Cold Call, 잠재 고객에게 투자나 상품 구매를 권유하기 위한 전화 접촉 또는 방문, 사전 접촉 없는 방문 DB보다 경험적으로 약 10배 정도의 효과를 나타낸다. 무작위로 수집한 DB 1만 명보다 정보 로볼 등을 제공하며 수집된 1천 명의 DB가 더 효과적이고 외부 강연을 통해서 모은 100명의 DB가 더 높은 효과를 보인다. 나를 전문가로 인정하고 있다는 것 즉, 멘토 포지셔닝이 그만큼 위력적이라고 경험하게 된다.

판매하든 무엇을 하든 해당 분야에서 전문성을 인정받는다면 일반적인 사람들은 누릴 수 없는 다양한 가능성과 기회가 생긴다는 점을 잊지 말아야 한다. 무엇보다도 내가 멘토에 걸맞은 능력을 갖추고 있다는 사실을 널리 알려야 한다. 그리고 그것을 사회와 대중들로부터 인정받아야 한다. 모양, 기능, 가격까지 비슷한 상품이 있어도 잘 팔리고 많이 팔려야 좋은 상품인 것처럼, 상대방이 전문가로 인정해줄 때 진정한 전문가이다.

6

당신의 비즈니스는 시스템을 갖추었는가
셀프 어프로칭

> 인류는 세상을 다른 시각으로 보는
> 사람들에게 냉담할 수 있다.
> 에릭 A. 번스

•
•
•

셀프 어프로칭Self Approaching도 내가 고안해 사용하고 있는 표현 중 하나이다. 고객들이 자발적으로 상담이나 구매 요청을 할 수 있도록 만드는 여러 도구와 시스템이다. 멘토 포지셔닝이라는 행위 자체가 나의 전문성을 인정하고 먼저 연락이 올 수 있도록 만드는 것이기 때문에 셀프 어프로칭은 멘토 포지셔닝과 한 묶음으로 생각하고 미리 준비해야만 한다.

잘 만들어진 멘토 포지셔닝을 통해서 '만나볼까? 상담 한번 받아보고 싶은데'라는 생각이 들게끔 했으면 고객이 연락을 쉽게 취할 수 있는 접점을 만들어야 한다. 그것이 셀프 프로세스라고 이해하면 된다. 보통 응모함이나 체험 쿠폰, 소개 카드, 강연이나 체험 후기, 별도의 폼 메일 등의 형식으로 만든 온라인 DB 수집 웹페이지 등이 셀프 어프로칭이라 할 수 있다.

이렇게 다양한 종류의 셀프 어프로칭 도구를 통해서 사람들은 우

단 한 번의 거절도 없이 판매할 수 있다
한국영업인협회 KOREA BIZ ASSOCIATION

멘토링, 강연회 후기
년   월   일

이름	연락처	이메일	사업분야 / 직업

우편 주소

강의 후기

교육문의 상담 예약 시간 체크   오후 12~3시 ☐   오후 3~6시 ☐   오후 6~9시 ☐

교육 문의하신 분께 개척비법, 멘토노하우, 전단물 제작 비법 등 실질적인 내용을 전화로 컨설팅 해드립니다.

2003~ 노점 조직 수야 그룹 조직
2004~ LGT 전국 5위 특판 본부 영업 총괄, 한국 영업인 협회 창설
2005~ 유통업체 수여 인터네셔널, Plandas 총판
2006~ 現 생리대 하나패드 총판, 심현수 멘토링시스템 운영
혁신적인 상품 전문 세일즈 대행 기업 "세일즈 슈퍼 스타" 대표
강연자, 컨설턴트, 칼럼니스트 활동, 거절 예방 세일즈 전문가
MBC 생방송 화제 집중 등 매스컴, 기사 등 수십여회 출연

B2C 전문 세일즈 교육 & 컨설팅 영업 조직 구축 대행 .
사업 설명회 전문 강연자

세일즈 멘토
심 길 후

청년사업가포럼 "청사포" 설립
새싹네트워크 교육대장
한국 창업 대학생 연합회 KOSEN 부회장
청년 사업 진흥 협회 · 청사진 클럽 회장

[심현수의 거절 예방 세일즈 연구소] 소장
[한국 영업인 협회 · 서울시 제 1095호] 회장

영업 노하우 칼럼 [심현수의 Sales Bomb] 발행

저서 -<꿈은 기회비용을 요구한다>

연락처가 필요하신 분께서는 본 권을 절취해 가시고 아래 사이트를 이용하시는 분들께서는 친추, 일촌, 팔로우, 인맥 신청해 주세요

이메일 : mentor@supersales.kr   네이트 : h2nc2@nate.com   블로그 : supersalesman.kr
링크나우 : salesmentor.linknow.kr   트위터 : @ salesemperor   연락처 : 1644-3279

강연 후기 작성 용지도 '레터'가 될 수 있다

리에게 연락, 상담을 요청하거나 쿠폰을 보내달라고 하거나 '체험하고 싶다'는 의사를 보내올 수 있다. 이벤트 신청서처럼 그룹 세일즈에 적합한 셀프 어프로칭 도구는 생리대나 보정 속옷처럼 공개적인 장소에서 입어보거나 체험하기 껄끄러운 상품을 판매하려고 하는 경우에 유용하게 사용한다.

여기서 잠깐 지금까지 등장했던 용어들을 이해하기 쉽게 다시 한번 정리해 보겠다. 세일즈 효율을 높이기 위해서는 우선 내가 취급하고 있는 제품과 상품, 서비스 중에서 가장 경쟁력이 있을 만한 것을 선정해야 한다. 그리고 그것을 구매할 잠재 고객을 대상으로만 비즈니스 활동을 하면 불특정 다수를 대상으로 하는 마케팅보다 효율이 높아질 것은 자명한 일이다.

그렇게 주력 상품을 결정하면 그다음 해야 할 일이 목표 고객 설정이고 이렇게 목표 고객을 정하면 그들을 가장 많이 만날 수 있을 지점으로 가야 한다. 그 지점을 찾아내는 작업이 포인트이고 포인트 지점에 가서 목표 고객인 잠재 고객들에게 구매에 대한 부담을 전혀 주지 않으면서 나에게 관심을 두게끔 하는 작업이 바로 로볼이다. 그리고 이러한 로볼을 잠재 고객들에게 드러낼 수 있는 매체가 레터이고 8가지 필수 요소를 적절하게 넣어 만든 레터를 접한 고객들이 나에게 먼저 연락해올 수 있도록 사전 준비하는 것이 셀프 어프로칭이다.

이런 과정을 통해서 구매로 연결될만한 아무런 요인이 없는 DB 상태에서 조금만 더 노력을 기울이면 구매로 연결될 수도 있는 잠재 고

고객이 스스로 영업인을 청하게 되는 이유

제품력
소속
매스컴
칼럼
후기
활동

DB 관리

타깃 채널

로볼

요청 근거

(셀프 어프로칭)
프로세스 수립

내가 직접 요청하지 않으면서 고객이 상담을 요청할 수 있는 접점을 극대화

고객이 먼저 연락을 할 수 있게끔 동선을 설계한다면?

객이 된다. 이로써 우리가 만나자고 해서가 아니라 고객이 먼저 상담을 요청하는 꿈만 같은 상황이 눈앞에 이르게 된다.

　로볼이나 개입 상품에 관해서 이해하게 되면 '그 정도면 충분하지 않을까?' 하는 생각이 드는 경우가 가끔 있다. 그동안 내게 교육을 받았던 수많은 멘티 중에서도 이렇게 생각하시는 분들이 있었다. 로볼이나 개입 상품, 교육에서 배운 몇 가지 방법만으로도 효과를 느낄 수 있다. 하지만 내가 지금까지 반복적으로 교육하고 멘티들의 결과로써 확인해 오고 있는 교육 효과에 굳이 신기루의 법칙이라고 이름을 붙인 이유는 따로 있다. 그대로 따라 하기만 하면 저절로 성과가 오르고 잠재 고객들이 먼저 나에게 상담 요청을 하고 그분들을 만나서 을이 아닌 멘토의 입장에서 편안하게 판촉 상담을 이끌어 갈 수 있도록 해줄 수 있고 또 그러한 믿기 어려운 일이 지속해서 생기는 일종의 나만의 비즈니스 시스템이 생긴다.

슈퍼리치 영업의 기술인 신기루의 법칙은 언변이 뛰어나서 고객들이 깜빡 넘어갈 만한 재능이 있는 분이 아니더라도, 아는 사람이 별로 없는 분이라고 해도, 일정 수준 이상의 성공, 현재와는 비교도 할 수 없을 만큼 만족스러운 성과로 연결될 수 있다. 그리고 가장 중요한 것은 이러한 성과가 잠깐에 그치는 것이 아니라 확고한 틀로써 정착되기 때문에 며칠 휴가를 다녀온다고 해서 매출에 영향이 생기거나 하지 않는다. 이렇게 되려면 이후에 계속될 이 법칙의 나머지 부분도 충분히 숙지하고 내 것으로 만들기 위해서 한동안 열심히 공부해야 한다.

이렇게 콜드 콜 DB에서 잠재 고객을 추려서 목표 고객 설정하고 로봇을 던지고 하는 일련의 과정 모두 하나의 틀Frame로써 만든다. 그러면 고객들이 스스로 나에게 먼저 상담 요청을 할 수 있게 만드는 셀프 어프로칭도 하나의 공정으로 만들면 된다.

상식적으로 내가 먼저 고생 끝에 찾아낸 잠재 고객에게 먼저 연락한다면 나를 어떻게 생각하겠는가? '아, 나를 어렵게 찾아내신 분이로구나' 하고 생각할 리가 없다. 영문을 알 리 없는 잠재 고객은 '또 장사꾼이로구나'하는 귀찮은 생각이 들 수밖에 없다. 당연히 구매의 벽은 높아진다. 힘들여 애써 찾은 잠재 고객에게 이런 대우를 받는다면 굳이 목표 고객 설정을 할 필요도 없을 것이다. 어차피 이렇게 하나 저렇게 하나 성과가 안 나오기는 매한가지일 테니까. 프로세스가 일정한 단계를 순차적으로 밟아야 하는 과정인 것처럼 비즈니스도 그러하다. 일에는 선후가 있고 일정한 절차가 있어야 하는 법이다.

어느 업계에든 그 업계에서 쓰는 단어가 있게 마련인데 세일즈 업계도 업계 종사자가 같은 뜻으로 아는 단어가 있다. 내가 교육 과정 중에서 사용하고 있는 채널Channel이라는 단어는 일반 소비자들을 대상으로 하는 세일즈에서 전문적으로 고객들을 유치, 소개해주는 사람들을 일컫는다. 업계에서는 래퍼, 영업 채널, 제휴점, 키맨 등의 용어를 쓴다. 이 표현은 단순히 영업인들에게 잠재 고객을 소개해주는 사람들은 아닌데 단체 영업을 하기 전에 사람을 많이 모아주는 사람, 무언가 대가를 받고 체계적인 방법으로 지속해서 사람을 소개해주는 일을 하는 사람, 소개 전 단계인 이벤트, 제휴점 등의 형태로 영업인들에게 도움을 주고 수수료를 받는 일을 하는 이들을 말한다.

이들을 통하면 소정의 수수료 등을 내는 대가로 잠재 고객으로 변신시킬 수 있는 콜드 콜 DB를 계속 확보할 수 있다는 장점이 있다. 매번 새로운 잠재 고객을 찾아내기 위해서 세일즈 업무를 새로 시작하기를 반복하는 것은 무척이나 고단한 일이다. 따라서 이 법칙에 따른 온전한 비즈니스 시스템 즉, 뒤에서 중점적으로 소개할 '세일즈 프로세스'가 구축되기 전에는 이들 채널을 될 수 있는 대로 많이 확보하고 관계를 유지하면서 DB를 지속해서 확보하는 것도 현실적이고 현명한 전략이다.

CHAPTER 3

슈퍼리치가 된 그들,
당신도 충분히 될 수 있다

주고받는 사이 고객의 마음이 열린다, 로볼 Low Ball

지금까지 슈퍼리치 영업의 기술이 제대로 배우고 나만의 것으로 익히기만 하면 누구나 원하는 성과를 낼 수 있는 명확한 성공의 법칙이라는 주장을 여러 차례 했다. 그렇다면 이번에는 실제로 이를 통해 성공을 거둔 여러 사례와 성공 요인 중에서 주목할만한 점들을 설명해 보겠다.

이제 '세일즈 프로세스'라는 슈퍼리치 영업 기술인 신기루의 법칙에 대한 공부가 새로운 단계로 넘어간다. 내가 판매하고자 하는 주력 상품에 관심을 가질만한 고객들을 찾아냈으니 다음은 어떻게 해서든 어떠한 방법으로든 연락을 취해야 하는 단계다. 우리가 연락하든 아니면 고객이 먼저 하든 무언가 움직여야만 세일즈 프로세스는 다음 단계로 넘어간다.

이제부터 '로볼LowBall'을 공부해 보자. 낚시를 예로 설명해보자면 '로볼'은 '미끼'라고 생각할 수 있는데, 붕어 잡으려고 낚시채비를 하는 사람이 상어 낚을 미끼를 가져가는 경우는 없다. 로볼도 마찬가지다. 나의 목표 고객들이 관심을 가질만한 무언가가 있어야만 그들에게 내가 팔려고 하는 제품이나 서비스에 대한 관심을 만들어낼 수 있다. 붕어가 관심을 가질만한 떡밥 혹은 상어가 반드시 물고야 마는 미끼같은 것이다.

고객들의 관심을 이끌어낼 수 있도록 낮은 단계에서부터, 어렵지 않은 것부터 타깃 고객들과 무언가를 주고받을 수 있도록 해준다.

군이 로볼이라고 이름을 붙인 이유가 거기에 있다. 공놀이를 처음 하는 아이에게 다짜고짜 온 힘을 다해서 공을 던지는 아빠는 이 세상에 아마 없을 것이다. 아이가 받을 수 있을 정도로 느린 공을 아이의 눈높이에 맞게 낮게 살살 던져주어야 아이가 '잡았다'하는 기쁨으로 아빠와의 공놀이를 계속하고, 그것에 흥미를 가질 수 있을테니까 말이다.

로볼의 역할이 바로 그런 것이다. 내가 판매하고자 하는 제품 혹은 서비스가 타깃 고객들이 100% 구매할 의사가 있을만한 훌륭하고, 시의적절한 것이라고 하더라도 다짜고짜 들이 밀 수는 없다. 우선 관심을 이끌어내고, 그 관심을 키워서 자세하게 그것을 알고 싶게 만든다. 세일즈 프로세스가 구매라는 최종 단계로 올라서기 위해서 아랫계단을 하나씩 밟고 올라가는 과정을 보다 손쉽게 만들어 주는 역할이다.

그런데 우리의 타깃 고객과 포인트가 제각각이기 때문에 그 상황에 맞는 로볼의 종류 또한 다양해서 '정보, 경품, 할인, 샘플, 체험, 서비스' 등을 생각할 수 있다. 이 6가지 종류의 로볼을 간략하게 설명하겠다.

우선 '정보 로볼'은 타깃 고객이 관심을 가질만한 제품, 서비스에 대한 정보와 제품이 갖고 있는 효능, 미리 그것을 써 본 사람이 작성한 사용 후기 등을 풀어쓴 것이다. 오피스텔 매매를 전문으로 하는 공인중개 사무소에서 로볼을 만든다면 아파트를 구매할만한 여윳돈은 없지만 부동산 투자를 하고 싶어하는 사람들에게 '121개의 강남 오피스텔 전체를 꼼꼼하게 조사, 분석한 자료가 있다'고 한다면 반응이 어떨까? 아마 분명히 '보내주실 수 있겠느냐?'며 연락이 오게 마련이다. 강남 오피스텔 121개에 대한 정보가 타깃 고객의 관심을 끌어서 고객한테 문의 전화를 받는 훌륭한 도구가 된 것이다. '정보성 로볼'이 바로 이런 것이다. 작은 책자, 이북E-Book, PDF 파일, 동영상 등의 형식으로 만드는 것이 일반적이다.

'샘플'과 '체험' 로볼도 타깃 고객과의 첫 접촉을 유도하는 방법으로 사용되는데 비용을 지불할 필요없어 고객이 큰 거부감을 느끼지 않는다.

'할인' 로볼은 상대적으로 고가로 인식되고 있는 제품이나 서비스에 대해서 효과적으로 사용할 수 있다. 특히나 요즘처럼 인터넷 쇼핑이 활성화되고 있는 상황에서는 어느 방법보다 적극적으로 사용해볼만한 로볼이기도 하다. '경품' 로볼은 주로 고객의 명단을 수집하기 위한 수단으로 많이 사용한다. 경품을 내걸고 응모함에 개인 정보를 넣도록 유도하거나 전자우편으로 설문에 참여하면 경품을 제공한다는 식이다. 택배 회사에서 '영화관람권 100% 지급'이라고 쓴 스티커를 붙이거나 추첨해서 식사권을 드린다는 식으로 계산대 옆 아크릴 박스에 명함을 모으는 외식업체들의 마케팅이 여기에 해당된다.

마지막 방법인 '서비스' 로볼은 일종의 컨설팅 서비스로 내가 판매하고자 하는 제품이나 서비스에 다양한 콘텐츠를 섞어서 만들 수 있다. 무엇보다 잠재 고객들로 하여금 내 전문성을 느낄 수 있도록 하는 방법이기 때문에 그들과의 만남을 쉽게 유도할 수 있다는 장점이 있다. 뒤에서 다루게 될 '멘토 포지셔닝'과 잘 어울리는 로볼이기도 하다.

대략적으로 살펴본 6가지의 로볼은 전체 세일즈 프로세스의 어떤 특정 단계에서만 일회성으로 쓰여지는 것이 아니라는 점을 염두에 둘 필요가 있다. 어떤 로볼은 아주 초기 단계의 고객을 타깃 고객으로 범위를 좁힐 때에 효과적이고, 어떤 로볼은 한번 상담을 했었던 고객들을 조금 더 구매로 유도하기 위해 쓰이기도 한다. 아니면 잠재 고객으로부터 '한번 상담을 했으면 한다'는 실제 만남을 이끌어 내는 것에 적합한 로볼도 있고 고객으로 하여금 구매를 결심하게 만드는 것도 있다.

나는 지난 10여 년의 교육을 통해, 이렇게 잘 만들고 기획한 로볼이 적게는 3~4배에서 많게는 20배의 순수익 증가라는 매우 극적인 효과를 보여준다는 사실을 확인하고 있다. 결국 타깃 고객에게 딱 들어맞는 로볼을 어떻게 만들 것이냐의 문제이다. 우선 내가 종사하고 있는 업종이 무엇인가에 따라 달라질 것이고, 취급하고 있는 아이템 그리고 내 전문성과 정도에 따라서 효과적으로 구사할 수 있는 로볼은 달라질 수밖에 없다. 그리고 업종에 따라서 경품이나 샘플의 제공이 법적으로 금지되어 있는 경우도 있으므로 미리 로볼을 기획하는 단계에서부터 꼼꼼하게 살펴봐야 한다.

신뢰를 무기로 성공한 중고차 딜러

스스로 존경하면
다른 사람도 그대를 존경할 것이니라.
공자

지금으로부터 10여 년쯤 전, 부천 중고차 매매 단지에서 일하는 청년이 나를 찾아왔었다. 업계에서 최고로 성공하고 싶다면서 자신의 이름을 내건 자동차 매매 상사를 운영하는 것이 1차 목표라고 했다. 중고차 매매 딜러라는 직업에 대한 사람들의 인식이 형편없다는 것을 잘 알고 있다던 이 청년에게서 가장 인상 깊었던 것은 현재 자본도 별로 없고 하니 차라리 알선 딜러를 하면서 '돈을 먼저 모으는 게 어떠냐?'고 물어봤을 때 했던 단호한 대답이었다. "그렇게 되면 바가지를 안 씌울 수가 없어요"라고 잘라 말하는 것이 아닌가.

자기는 그것이 너무나 싫어서 직접 자동차 매매 상사를 운영하고 싶다고 했다. 청년의 말을 그대로 옮긴다면 현재도 이미 그렇게 어쩔 수 없는 현실이라며 은근슬쩍 고객들에게 바가지를 덮어씌우는 영업은 하지 않고 있다고 했다. 위낙에 많은 경쟁자가 한자리에서 치열하게 세일즈하고 있어서 찾아오는 고객들을 대상으로 자신을 알리기 위해서 전단을 만들어 나누어 주는 일도 어려운 형편인 와중에 계속하고 있었다. 전단 배포 아르바이트를 구하는 비용도 아낄 겸 자신이 직접 수천, 수만 장이나 되는 전단을 일일이 건넨다는 것이다. 그런데 전단의 효과가 최소한으로라도 나와야 하는데 그렇질 못해서 고민이라고도 했던 이 청년은 조선 시대 총각들이 입었던 파란색 한복을 입고도 돌려봤다고 할 정도로 자기 일에 있어서 온 힘을 다하는 성실한 영업인이었다.

여러 차례의 상담을 통해서 이 청년의 결심이 괜히 한번 해보는 말이 아니라는 것을 알게 된 나는 어떻게 해서든 그의 세일즈 활동에 도움을 주기로 했다. 우선 현재의 문제점을 제대로 진단하는 것에서부터 컨설팅을 시작했다. 열심히 한다는 것은 물론 굉장한 미덕이지만 그것이 결코 성공을 담보하는 시대는 이미 지났기 때문에 비즈니스 활동의 효율성을 높이는 것이 급선무였다. 다시 말해 좋은 결과가 나오도록 잘하는 사업이 중요하다.

슈퍼리치 영업의 기술인 신기루의 법칙은 어디나 맞추어 쓰는 비장의 일급비밀이 아니라 각자가 처한 상황에서부터 방법을 찾아내어 누구에게나 일정한 성공을 보장하는 것이다.

부천 중고차 매매 단지의 이 젊은이의 상황은 열심히 하고 있다, 바가지 씌우지 않는 딜러가 되겠다, 가진 돈이 별로 없다는 것이었다.

그래서 가용 자원을 근거로 목표 고객을 설정하는 작업 즉, 목표 고객 설정을 제안했다. 어떤 고객에게 주로 판매하는 것이 좋을 것 같으냐는 내 질문에 그는 '소형차 위주로 하고 싶다'고 말했다. 소형차는 가격도 중대형 차보다는 훨씬 싸고 매매도 비교적 잘 일어나 순환이 잘 되는 편이다. 이를테면 중간 이윤은 작지만 많이 팔아서 남긴다는 박리다매인 셈이었다. 가용 자본과 매매 사이클 등을 고려하는 한편 시급한 과제인 부진한 영업을 먼저 살려놓으려고 소형차를 주력상품으로 정했다.

그래서 소형차를 구매하려는 고객들을 목표로 영업 전략을 수립하기로 일단 결정을 내렸고 다음 단계로 고객들에게 관심을 받을만한 로볼을 무엇으로 할 지 정했다. 중고 자동차 거래 시장의 중요한 특징 중의 하나인 고객들의 뿌리 깊은 불신감을 적극적으로 활용하자는 쪽으로 의견을 모았다.

중고차 시장에서의 고객들은 거래 당시에 매매업자가 제시하는 가격이 합당한지 그리고 자신이 구매하려는 자동차가 가격대에 걸맞은 상태인지를 잘 알 수가 없었다. 따라서 분위기에 휩쓸려 구매하고 나서 차에 미리 알지 못했던 문제가 있음을 알게 되고 불만이 폭발하는 '일단 팔고 나 몰라라'하는 식의 저급한 영업행태가 반복적으로 일어나고 있었다. 중고 자동차 딜러에 대한 일반 대중들의 인식이 극도로 나쁜 것도 이런 이유 때문이었다.

나는 이런 시장 상황을 감하여, 자동차를 구매하려는 고객들에게 필요한 정보를 중점으로 로볼을 만들어 보자고 제안했다. 이 청년도 흔쾌히 동의해 〈중고차 판매할 때 딜러들이 바가지 씌우는 노하우 7가지 모음집〉이라는 정보집을 만들었고 레터에는 무료 증정이라는 광고 문안을 달았다. 고객들이 꼭 알아두어야 할 정보를 무료로 받아볼 수 있다는 것이 포인트인 셈이었다. 지금은 많은 중고차 딜러들이 따라 하는 이 청년 영업인의 로볼은 인터넷을 통해서 사람들의 입에 오르내리기 시작했고, 실제 중고차 구매를 원하고 있던 사람들의 상담 요청으로 이어져 파리만 날리기 일쑤이던 사업은 탄력을 받아 본격적으로 성장을 거듭했다. 현재는 자신의 중고차 매매상사를 3곳이나 운영하고 있을 정도로 성공한 젊은 사장님이다.

중고차 매매를 병행하고 있는 대형 인터넷 카페와 지식 iN 등에다 로볼로 만든 정보집의 내용 일부를 올려두고 '이렇게 좋은 정보가 담겨있는 정보집을 신청만 하면 무료로 받을 수 있다'는 사실을 은연중에 알렸던 것으로도 효과를 톡톡히 볼 수 있었다. 앞에서도 말한 것처럼 잠재 고객을 만나기 위해 로볼을 던질 포인트를 인터넷으로 하는 것은 오프라인에서의 포인트 활동보다 비용 대비 효과가 상당히 좋았다.

이 방법은 여전히 다른 분야의 비즈니스 현장에서도 유용하게 사용되고 있지만 새로운 아이디어를 더해보는 노력도 필요하다. 하나 더 방법을 알려 드린다면 중고차를 판매할 때 〈딜러들이 바가지 씌우는 노하우 7가지〉라는 로볼의 내용을 주제로 소정의 참가비를 받고 세미나를 여는 것도 좋다. 몇 명이 됐든 어차피 이 세미나에 참석하는 사람은 실제로 중고차를 구매하려는 확실한 의사가 있는 사람들로 이미 어느 정도는 개입 상태에 있는 잠재 고객이다. 그리고 세미나에 참석한 사람들에게 반드시 자필 후기를 받아두면 나중에 레터 작성에 중요한 근거로 활용될 수 있을 것이다.

그리고 앞서 가상의 사례로 했던 애견 훈련소 로볼의 아이디어를 여기에 덧붙일 수도 있다. 이를테면 '세미나 후 나를 통해서 중고차를 구매하는 사람에게는 세미나 참가 비용을 돌려준다'든가 하는 방법을 덧붙이는 것이다. 이렇게 로볼은 한번 정해졌다고 해서 절대로 바꿔서는 안 되는 고정불변의 것이 아니어서 사안에 따라, 사업의 성숙도에 따라서 신축적으로 적용하면 된다. 중요한 것은 로볼이 아니라 매출이다.

핵심 경쟁력의 형태만 바꿔 슈퍼리치가 된 애견훈련소장

기회를 찾아야 기회를 만든다.
패티 헨슨

•
•
•

지난 2012년 여름, 경기도 광주에서 애견 훈련소를 성공적으로 운영하고 있던 분이 나를 찾아오셨다. 이분과의 인연은 내가 애견 훈련을 의뢰하면서 시작됐는데 교육받는 다른 분들이 대부분 실적 부진 때문에 찾아오시는 것과는 조금 달리, 나름 안정적으로 운영 중인 사업의 체질을 건강하게 바꾸기 위해서였다.

내가 애견 훈련을 맡겼을 때만 하더라도 훈련소를 직접 운영했지만, 외국으로 출국하면서 사업을 모두 정리했다. 귀국했을 때부터는 훈련소 운영이 아니라 애견 훈련 사업을 방문 교육 형태로 하고 있었다. 포털 사이트의 키워드 광고 등을 지속해서 꾸준한 고객을 보유한 채로 영업이 이루어졌기 때문에 겉으로 보기에는 남부럽지 않은 사업이어도 그 속내는 약간 달랐다.

방문 훈련의 성격상 고객이 신청해야만 그곳으로 가서 훈련하고 돈을 받는 구조인 데다, 방문식 애견 훈련은 시장이 안정적이어서 고객들이 수긍할 수 있는 일정한 시장 가격이 존재했기 때문에 '나'의 방문 훈련이 더 성과가 좋다'라고 해서 시장 가격을 초과하는 비용을 청구하기가 쉽지 않았다. 겉으로는 상당한 매출이 지속해서 일어나고 있지만 막대한 광고비를 계속 투입해야 하는 상황이라 어디에 하소연하기도 힘들고 곤란하여 나를 찾아왔다.

이분에 대한 컨설팅에서 내가 제안한 것은 이미 존재하고 있는 시장 내에서의 경쟁이 아니라 새로운 틈새시장을 만들어 선점하는 방법이었다. 가격 경쟁력을 높일 방법을 찾아내더라도 들인 수고에 비해서 큰 효과를 보기는 어려운 데다 이미 시장에는 비슷한 종류의 서비스가 상당수 존재하고 있기 때문에 다른 점을 뚜렷이 밝히기도 어려웠다. 그래서 우리나라에는 없는 새로운 서비스를 만들도록 제안했다. 그러면 원하는 가격을 받기가 수월할 뿐만 아니라 남들이 새로운 시장에 뛰어들기 전에 확실히 선점하여 시장의 리더로서의 독점적 지위를 누릴 수 있을 것으로 판단했다.

이렇게 머리를 맞댄 우리가 찾아낸 해결 방법이 바로 애견 훈련법 교육사업이었다. 사업의 핵심 콘텐츠는 그대로 두되 서비스를 받는 대상만 살짝 바꾼 것이다. 목표 고객 설정은 애견 훈련을 직접 하기를 원하는 애견 주인으로 했고 이들을 대상으로 하는 로볼로 이번에는 하나가 아닌 다양한 방법을 개발, 순차적으로 구사했다. 먼저 본인이 가진 콘텐츠로 당장 만들 수 있는 정보집을 만들어서 여기에 애견인들이 가장 곤혹스러워하는 배변 훈련에 대한 자세한 팁과 노하우를 담아 책자로 만들었다.

《강아지 훈련의 정석 - 배변 훈련 편》이라는 책을 5만 원에 판매했고 책의 절반가량을 담은 본보기 책자를 무료로 배포했다. 당연히 이 본보기를 받은 사람은 서비스에 관심을 가진 상태였기 때문에 신청한 사람들을 대상으로 하는 다음번 로볼은 훨씬 더 효과적이었다. 반려인 대상 교육 사업, 인터넷 강의, 본인의 회원제, 반려 생활이 행복할 수 있는 상품 등 다양한 상품을 만들어 사업을 확장시켜 나갔다.

2012년 당시 국내에서는 존재하지 않았던 서비스였기 때문에 이 분의 새로운 애견 훈련 콘텐츠는 대번에 주목을 받았고, 애견을 기르고 있는 많은 사람으로부터 큰 호응을 받게 됐다. 텔레비전을 비롯한 각종 언론매체에서도 새로운 서비스에 대해 많은 관심을 보여서 이 분은 애견 훈련 분야의 전문가로서의 멘토 포지셔닝도 확고히 구축할 수 있었다. 전에 없던 새로운 틈새시장을 발견해 선점했고 강력한 멘토 포지셔닝을 확보한 덕분에 이 분의 사업은 현재까지도 즐거운 비명을 지를 정도로 승승장구하고 있다.

어린아이가 있는 집이라면 너 나 할 것 없이 재방송을 통해서라도 꼭 챙겨보는 텔레비전 프로그램이 바로 〈우리 아이가 달라졌어요〉이다. 방송에는 매번 '저런 아이가 있구나' 싶을 정도로 말썽꾸러기고 온통 떼쓰기만을 하는 아이들이 사연의 주인공으로 등장한다. 하지만 결국 방송이 진행되면 '아이는 부모가 하기 나름이구나'하는 결론을 매번 반복한다는 사실을 알게 된다.

애견인들은 종종 '문제 있는 주인은 있어도, 문제 있는 개는 없다'라고 말한다. 애견 훈련도 떼쓰는 말썽꾸러기 어린아이를 평범하고 사랑스러운 아이로 바꾸는 상황과 같기 때문에 애견 주인이 제대로 훈련할 줄만 알면 굳이 그 비싼 돈을 들여가며 훈련소에 맡길 필요는 없다.

이 사례에서 주목해야 할 점은 자신의 핵심 경쟁력Core Competences을 사업의 형태가 아니라 사업의 내용 즉, 콘텐츠로 좁혀 잡았다는 점이다. 만약 애견 훈련 사업이라는 과거의 서비스에서 벗어나지 않았다면 성과는 지금처럼 대단하지는 않았을 것이고 약간 만족스러울 만한 개선이 이뤄지는 정도에 머물러 있었을 것이다.

거래처 14곳을 180곳으로 늘린
납품 영업인의 비결, 정보

계획 없는 목표는 한낱 꿈에 불과하다.
생텍쥐페리

•
•
•

앞에서는 애견 훈련이라는 핵심 경쟁력의 서비스 방향만을 약간 바꾸어 애견 훈련 교육이라는 새로운 틈새시장을 만들어 큰 성공을 거둔 사례다. 이제 기존의 세일즈를 개선하는 것만으로 상당한 성과를 나타낸 경우를 소개하겠다.

손톱 손질에 관련 용품을 납품하는 영업인이던 C는 전임자가 물려준 고정 거래처 14곳을 유지, 관리하며 활동하고 있었다. 특별하게 문제가 될 것은 없어 보여 회사에서도 '잘 관리하라'고 할 뿐 이렇다 할 개선의 아이디어를 도출하거나 새로운 시도가 없는 상태였다. '영업이 더 잘 돼야 할 텐데'라고 하며 회사나 영업인 모두 적극적이지 않은 상태에서 컨설팅이 이뤄졌다.

기존 거래처 관리가 어떻게 이루어지는가에 대한 질문에 C는 드물게 거래처인 네일 아트숍 원장들이 먼저 연락하는 경우도 있지만, 보통은 14군데의 거래처를 순회 방문하며 원장들과의 대화 등을 통해서 관계를 유지하는 정도로 활동하고 있다고 대답했다.

이 말은 듣고는 너무나 안타까웠다. 그야말로 영업이나 세일즈라고 할 수도 없는 케케묵은 과거의 안일한 방법이었기 때문이었다. 거래처를 방문했는데 손님의 손톱 시술이 진행 중이면 그냥 멋쩍게 앉아 있다가 시간이 나면 "요즘 좀 어떠세요? 매출은 괜찮으시고요? 뭐 필요한 것은 없으세요? 그럼 다음에 또 뵐게요" 등 어떤 모습일지 빤한 상황이었다. 거래처가 계속 바빠서 말을 건넬 짬도 없는 상황이라면 아예 말 한마디 못 붙여보고 나와야 한다는 것인데 이게 무슨 영업이고 세일즈라고 할 수 있을까?

그래서 '왜 컨설팅을 원하셨어요?'를 물어보니 그분도 자신의 상황에 문제가 있다는 것은 잘 느끼고 있었다. 하지만 어떻게 해야 현재 상황을 처리하여 헤쳐 나가고 매출을 올릴 수 있을지에 대한 아이디어나 확신이 없었기 때문에 계속 '이대로는 안 되는데'라며 발을 동동 구르다가 큰 결심을 하고 찾아왔다고 하셨다.

그동안의 마케팅 활동에 대해 나름의 방법으로 이런저런 아이디어를 제안해 봤지만, 회사에서는 '그게 무슨 소용이나 있겠어? 그냥 관리하던 곳이나 잘 관리해'라며 시큰둥한 반응을 보이기 일쑤여서 새로운 방안을 도입하려는 발상을 펴지 못하고 있었다.

그런데 이것이 우리나라 마케팅 조직의 현실에 가깝다. 제대로 된

사내 마케팅 교육을 해주지도 못해서 팸플릿 하나와 간단한 제품 설명만을 들려준 뒤, '나가서 최선을 다해 팔아봐. 열심히 하면 결과가 뒤따를 거야. 거절, 두려워하지 말고 즐겨'라고 한다. 그게 말이나 되는 소리인가? 거절을 어떻게 즐길 수 있을까? 아닌 것은 아니다.

회사에는 알리지 않고 개인적인 차원에서 나를 찾아온 것인 만큼 새로운 아이디어를 모색하더라도 회사의 적극적인 지원을 기대하기는 힘든 열악한 처지였다. 따라서 동원할 수 있는 자원이 거의 없는 아주 드문 사례였는데 우리는 머리를 맞대고 고민하기 시작했다. 그나마 다행인 것은 손발톱 관리 가게라는 명확한 거래처가 있는 상태였고 목표 고객 설정과 거점을 정하는 작업은 생략해도 무방했기 때문에 가장 중요한 로볼을 기획하는 데에 초점을 맞췄다.

'신규 거래처가 개척된다면 어떤 원장들이 당신과 거래할 확률이 높다고 보십니까?'라는 질문에 C는 '매출을 올리기 위해서 무언가 변화가 필요하다고 느끼는 원장님들이 될 것 같습니다'라고 대답했다. 거래처의 네일 아트숍 원장의 자리라고 생각해보기로 했다. 우리는 그들이 가장 알고 싶어 하는 정보를 제공해 로볼로 만들어보자는 결론에 도달했다. 네일 아트숍은 대부분 규모가 크지 않기 때문에 원장 혼자서 이것저것 다 하는 1인 기업과 거의 유사하다. 따라서 고객들에게 새롭게 유행하는 손톱 디자인이 어떤 것이 있는지를 알아본다거나 하는 시장조사 행위를 할 여유가 거의 없는 상황이었다.

우리는 새롭게 개척할 네일 아트숍 원장들의 외인 시장조사 업체가 된다는 생각으로 필요한 정보를 수집하기 시작했다. 텔레비전에 나오는 인기 연예인들의 네일 아트 디자인이 어떤 것이 있는지 잡지, 인터넷, 텔레비전에서 하나씩 수집했고 여기에 덧붙여서 고객들이 매장에 들어왔을 때 말할 만한 내용이나 처음 온 고객을 단골로 만드는 관리 방법과 같은 정보들을 정리하기 시작했다. 이렇게 어느 정도의 정보가 모이자 그중 '지난주 텔레비전에 나왔던 연예인 손톱 모음집 무료증정'이라는 책자형 로볼을 인쇄해 부산 경남 지역의 네일 아트숍 720곳에 일괄 발송했다.

여기에 덧붙여 나는 C에게 '몇 명이 오든 관련 세미나를 개최하라'고 단단히 일러두었다. 내심 '원장들에게 꼭 필요한 정보이니까 반응이 오겠지?' '그래도 2~30명 정도는 오지 않을까?' 생각하며 세미나를 개최했는데 놀랍게도 무려 세미나 참가 신청자 수가 180명에 달하는 대성공을 거두었다. 수강 신청 인원이 너무 많은 관계로 세미나는 부산 벡스코에서 3일에 걸쳐 나눠 하루 2차례 30명씩 진행하였다. 이러한 영업 계획을 알게 된 회사에서는 괜한 짓 한다며 비관적으로 생각했으나 결과는 그야말로 기대 이상이었다.

세미나가 끝나고 네일 아트숍에 납품하는 물건과 회사에서 새롭게 출시하려고 하는 고가의 시술 장비를 20% 할인한 가격에 현장 판매한다는 사실을 알렸을 때 더욱 놀랐다. 170만 원짜리 기구를 140만 원에 무려 50여 개나 불티나게 팔았고 2~30만 원가량 하는 묶음으로 구성된 각종 부자재를 100개가 넘게 현장 판매하는 신기록을 세우기도 했다. 잘 기획한 로볼 하나로 열린 한 번의 세미나에서 1억 원이 넘는 매출을 기록하였다.

　이는 새로운 틈새시장을 창출하는 획기적인 아이디어가 아니더라도 지금 있는 자리에서도 얼마든지 현재 상황을 돌파할 방법을 찾아 실행할 수 있다는 명료한 증거가 되는 사례이다.

송곳처럼 깊게 파고든 경쟁력, 자동차세일즈맨

'그건 할 수 없어'라는 말을 들을 때마다
나는 성공이 가까웠음을 안다.
마이클 플래틀리

•
•
•

할인, 경품, 체험, 정보 등의 다양한 형태의 로봇이 있을 수 있지만, 그 중에서도 정보는 시간과 노력 그리고 약간의 비용이면 만들 수 있어 효과가 좋다. 그중에서도 잠재 고객들의 가려운 속을 시원하게 긁어줄 수 있는 정보가 무엇인지 정확하게 알아낼 수만 있다면 그 효과는 상상 이상으로 엄청나다. 나는 이를 정말 자주 보았다.

럭비를 좋아한다는 듬직한 부산 청년의 이야기를 해볼까 한다. 나를 찾아왔을 때 약관 23세였던 이 젊은이는 만화 〈열혈 장사꾼〉의 애독자로서 "열혈장사꾼이 되고 싶은 자동차 세일즈맨입니다"라고 소개하여 깊은 인상을 남긴 상남자였다. 종류도 많고 사람도 무척 많은 분야가 바로 세일즈 현장이기는 한데, 그중에서도 자동차 판매는 경쟁이 치열하고 거센 것으로 정평이 나 있다. 게다가 고객과 영업인의 관계가 가장 철저하게 갑을甲乙 관계인 대표적인 분야이기도 해서 자동차 영업사원의 속내는 겉으로 보이는 모습과는 거리가 멀다.

이 청년도 자신을 길러주신 할머니의 여생을 편하게 모시고 싶다는 소박한 꿈을 이루기 위해 정말로 열심히 영업활동을 하는 성실한 분이었다. 쉐보레 자동차 소속의 이 청년은 매달 서너 대의 계약으로 겨우 기본을 하던 와중에 서울로 올라와 나를 찾아오게 됐다. 자동차 세일즈맨에 대한 컨설팅을 이미 여러 번 해봤던 터라 나는 몇 마디 하지 않아도 이 부산 사나이의 마음을 금세 알아챌 수 있었다.

'아주 힘드셨겠다'는 한 마디에 덩치 큰 부산 사나이의 눈시울이 금세 벌겋게 변할 정도로 자동차 세일즈 시장은 참으로 힘들다. 1억짜리 에쿠스의 인센티브도 200만 원 정도라고 한다. 어렵사리 한 대를 팔아 인센티브 기대를 했는데 고객이 네 짝에 190만 원 하는 외제 타이어로 바꿔 달라고 하더라는 것이다. 실정이 이렇다 보니 매달 꾸준히 서너 건의 계약을 한다고는 하지만 할머니를 편히 모시기는커녕 생활을 일정하게 유지하기도 쉽지 않아 무언가 전환점이 필요하다고 생각했고, 소개를 통해서 내게 왔다.

이미 잘 알고 있다고 생각한 분야이지만 더 찬찬히 살폈던 이유는 아마도 이 부산 청년의 개인사에 마음이 갔기 때문인지도 모르겠다. 적합한 방법을 찾기 위해서 나는 본인의 현재 상황이나 앞으로의 계획, 본인과 판매할 상품의 장·단점 등을 편하게 이야기해보라고 했다. 그렇게 두서없이 던지는 말 중에서 번쩍이며 좋은 로볼로 변화될 수 있는 요소들이 있다. 이 사례가 그런 경우였는데 이 청년의 말 중에 '다른 브랜드에는 경차다운 경차가 없다'라는 얘기가 흘러나왔다. 나는 그게 무슨 말인지 물었고 사실과는 다를 수 있겠지만 이 청년의 생각을 전적으로 따라보자면 국내에서 출시된 경차 중 마티즈 그러니까 지금의 스파크 말고는 제대로 된 경차가 없다는 것이었다.

나는 그것이 문제 해결의 실마리라고 생각했다. 일단 쉐보레 자동차에서 판매하고 있는 다양한 자동차 중에서 스파크 위주로 세일즈를 해보자고 제안했다. 주력으로 판매할 제품이 정해졌으니 그것을 구매하게 될 잠재 고객이 누구일까에 대한 논의 끝에 그 가상의 인물에 대한 그림이 또렷해지기 시작했다. '예쁜 색상의 스파크를 타면서 연비에 민감한 알뜰한 성향의 젊은 여성'이라는 일종의 가설을 세운 것이다.

스파크와 같은 경차를 세컨드 카로 굴리는 집도 있겠지만 일단 생애 첫차와 기름값에 민감한 사람, 패션 감각이 중요한 사람, 여성으로 판단했다. 이렇게 목표 고객 설정할 잠재 고객에 대한 모습이 그려지자 우리는 이런 사람들에게 어떤 것으로 유인할 것인가를 고민하는 단계로 넘어갔다.

스파크에 관심이 있고 이 차를 구매할 젊은 여성이 무엇에 관심이 있을지를 거듭 논의하던 우리는 스파크를 모는 젊은 여성이 운전할 때 필요한 정보를 전달하기로 했다. 예를 들어, 여성 운전자가 차 사고 났을 때 취해야 하는 10가지 행동과 같은 필요한 정보들을 수집,

정리했다. 그리고 이것만으로는 부족하다 싶어서 경차를 고를 때 몰랐다면 후회할 특별한 선택 기준, 스파크를 고를 때 제일 좋은 조건에서 나에게 딱 맞는 옵션, 색상을 선택하는 기준과 같은 정보도 책자 형태로 만들어 잠재 고객에게 배포하기 시작했다.

원래부터 열심히 세일즈 하던 청년이라 이렇게 생전 처음 보는 목표 고객에 대한 고민과 정성껏 만든 로볼에 대한 자부심으로 정열적이고 다양한 방법으로 광고를 혼자서 하고 다녔다고 한다. 그리고 고생 끝에 낙이 온다고 하는 말처럼 '정보집을 보내 달라'는 전화가 빗발쳤고 한 달에 3,4대 팔리던 자동차는 급기야 한 달 판매 수당으로 3천만 원을 받을 정도의 초대박을 쳤다.

나중에 들은 말을 빌려보자면 한 번 목표 고객 설정과 로볼을 만들면서 노하우가 생기자 곧장 다른 차종으로 응용했었다는 것이다. '다른 차도 팔았심더'라는 이 부산 청년은 결국 얼마 후 미국에서 좋은 조건으로 수입차를 들여와 국내 시세보다는 약간 싼 가격으로 판매하는 수입 자동차 수입업체를 차려 CEO가 됐다.

시대를 넘나드는
로볼의 힘

로볼은 멘토 포지셔닝과 함께 자기가 주의를 끌고자 하는 매력 포인트에 대해 잠재 고객들 스스로가 관심을 두게끔 만든다. 이러한 로볼의 원리를 좀 더 넓게 해석해 본다면 굳이 세일즈 현장이 아니더라도 다양한 사례에서 비슷한 맥락의 원리가 통한다는 것을 알게 된다.

멘토 포지셔닝을 다른 말로 표현하면 남들도 인정하는 탁월한 실력이다. 역사 속의 인물에도 이렇게 자신의 실력을 보여주어서 크게 성공했던 경우가 있다. 우리가 자주 들어 잘 알고 있는 손자병법의 저자 손무가 그런 사례다. 전쟁과 군대의 운영 즉, 병법에 대한 오랜 공부와 실험 끝에 손무는 이치를 터득했고 그것을 책자로 만들어 내기에 이르렀다. 그리고 그다음 그가 취했던 행동이 무척 인상적인데, 당시 중원의 패권을 다투는 큰 나라였던 오吳 나라의 왕에 이 책을 보내서 일생을 건 협상에 나서게 된다. '전쟁에서 승리하는 방법이 있는 데 관심 있으면 만나볼래?'라고 일종의 거래를 한 것이다.

손무의 배포와 기상이 대단하기는 하지만 그래도 명색이 대국의 군주인데 책 한 권 때문에 군대의 중책을 맡길 생각은 애당초 없었다. '한번 짐을 찾아오라'는 화답을 보낸 오나라 왕에게 손무가 뜻밖의 제안을 한다. 왕이 거느리고 있는 후궁들을 데리고 군사훈련을 해보겠다고 했다.

왕과 주위의 대신들이 모두 그를 비웃었지만 손무는 아랑곳하지 않고 후궁들을 군대처럼 세우고 훈련을 하려고 명령을 내렸다. 그렇지만 원래부터 왕의 환심을 받기 위해 애교를 떨고 아름다운 모습을 가꾸기에 여념이 없는 후궁들이 무슨 군사훈련을 하겠는가? 후궁들은 손무의 명령에 전혀 귀를 기울이지 않고 깔깔대며 딴청을 피워댔다.

그러자 손무는 가장 지위가 높은 후궁을 앞으로 나오라고 하고는 '추상과 같은 군율을 어겼으니 참형으로 그 죄를 묻겠다'며 왕의 만류에도 아랑곳하지 않고 그 후궁의 목을 단칼에 베어버렸다.

난데없는 참혹한 모습에 온 좌중이 얼어붙고 손무는 다시 후궁들을 향해 명령을 내렸다. 그런데 놀랍게도 이번에는 후궁들이 누구 하나 다른 짓을 하지 않고 일사불란하게 그의 명령에 따라 행동했다. 그렇게 얼마의 시간이 흐르자 완전히 오합지졸이었던 후궁들이 나름 군대처럼 보일만큼 깜짝 놀랄 변신을 해 왕과 신하들을 모두 경악하게 했다고 한다.

이 일에서 크게 깨달은 오나라 왕은 곧장 손무에게 지금으로 따지면 국방부 장관의 벼슬을 내리고 군사에 대한 권한을 부여해 군을 훈련하도록 했다. 그야말로 손자병법의 주인공 손무는 책자로 정리한 지식과 그것을 실제로 구현하는 실력을 보여줌으로써 대성공을 거두었다. 다시 표현한다면 정보 로봇과 서비스 로봇을 적절하게 안배해 구사했다. 다른 시대에 태어나, 무엇을 해도 성공했을 분이라는 생각이 드는 것은 나뿐일까?

세일즈에서 고객의 마음을 흔드는 기회비용의 힘, 개입 상품

'나 이대 나온 여자야'라는 희대의 대사로도 유명한 〈타짜〉는 도박판과 타짜들에 대한 영화다. 영화 중 이런 장면이 나온다. 타짜와 선수들의 짜고 치는 도박에 가진 돈을 탈탈 털린 대학교수에게 주인공 고니는 지폐 한 다발을 가슴팍에 던져주고는 "다시는 이런 데 얼씬도 거리지 마세요. 네?"라면서 교수를 돌려보낸다. 연신 '고맙다'는 인사를 보내며 고마워하던 교수는 불과 몇 발짝을 떼지 못하고 다시 도박판으로 향한다. 우스갯소리로 경마장에서 돈 잃은 사람은 돈이 생기자마자 다시 경마장으로 뛰어간다고 한다.

경마나 도박이 그만큼 끊기가 어려운 것이라는 말이겠지만 나는 이에 대한 해석을 좀 달리해볼까 한다. 영화 속 대학교수나 경마장에서 돈을 잃은 사람들이 도박장이나 경마장을 떠나지 못하는 이유는 누가 시켜서가 아니라 스스로 미련을 버리지 못해서다. '그때 그런 패를 내지만 않았으면 다른 말에 걸었으면 돈을 잃지 않았을 텐데, 큰돈을 땄을 텐데' 하면서 자신의 과거 행위를 돌아보며 계속 도박판과 경마장에 돈을 쏟아붓는 것에 대한 핑계를 만든다. '잃은 돈만 따면 미련 없이 떠난다'고 한다. 하지만 그런 장담을 지킨 사람이 몇 명이나 되겠는가.

그런데 이런 사람들이 자신을 도박판과 경마장에 개입시켰기 때문이라고 해석한다면 지나친 것일까? 그렇지 않다고 생각한다. 비즈니스의 현장도 마찬가지다. 잠재 고객 스스로가 영업인이 제시한 로볼 등에 관심을 두고 유료 세미나를 참석한다거나 멘토 포지셔닝에 의해 상담을 요청하고, 원하는 정보를 얻었으면 영업인에게서 상품을 구매하고 서비스를 결제하는 일에 대해 명분과 당위성을 부여한다. '이건 그럴만한 행위야'라고 한다. 불법인 것을 뒤늦게 알게 됐더라도 불법 피라미드 조직이나 불법 다단계에서 사람들이 벗어나지 못하는 이유도 크게 다르지 않다. 그동안 들인 시간과 돈과 정성을 버리지 못하고 매달리는 마음이 크다.

현실에서 종종 볼 수 있을 법한 상황을 이야기해보자. 친구와의 약속을 위해 집을 나선 사람이 있다. 집 근처의 버스 정류장에서 버스를 타면 약속 장소까지 10분이면 도착한다. 약속 시각 30분 전에 집을 나온 것도 그런 상황을 잘 알고 있기 때문이었다. 그런데 그날따라 버스가 좀처럼 오지 않는다. 시간이 흘러 5분이 지나고 10분이 지나고 15분, 20분이 지났다.

이런 상황에서 그가 혹은 우리는 어떤 행위를 선택할까? 기다리던 버스를 마저 기다리고 있을까? 아니면 약속에 늦을 것 같아서 택시를 잡아탈까? 대부분은 버스가 이내 올 것만 같아서 조금만 더 기다리다가 결국엔 약속에 늦고 만다. 그렇지 않았나?

그렇다면 이런 상황에서는 어떻게 행동하게 될까? 중요한 약속이 있어서 이때도 버스 정류장으로 달려 나왔는데 약속 시각이 15분밖에 남지 않았다. 그런데 버스는 전처럼 좀체 오지 않을 것 같다. 1분이 지나고 2분이 지났다. 당신이라면 어떻게 할까? 당연히 택시를 잡아탈 것이다. 재미있는 것이 위의 상황이나 아래의 상황이 모두 같은 입장이라는 것이다. 약속 장소까지 버스로 걸리는 시간이 10분인 것, 약속 시각까지 10분밖에 남지 않았다는 것도 같다. 앞에서는 이미 기다리던 버스를 '금방 올 거야. 조금만 더 기다려보자'라고 하다가 약속에 늦고, 뒤에서는 '늦으면 안 되지'라며 별 고민 없이 택시를 잡아탄다.

왜 그럴까? 그건 회계학 용어로 매몰 비용Sunken Cost이라는 개념으로 설명할 수 있다. 자신이 들였던 시간, 돈, 노력 등에 대한 집착이 헛수고가 되는 것이 바로 매몰 비용이라 할 수 있다. 슈퍼리치 영업의 기술인 신기루의 법칙에서 잠재 고객에 대한 로볼과 함께 개입 상품이 매우 중요한 비중을 차지한다. 사람이 스스로 선택한 것에 대한 강한 집착의 성향이 공통으로 있고 그러한 심리를 활용하는 것이 바로 개입 상품이다.

좀 더 자세하게 개입 상품을 설명해보겠다. 고객이 우리를 찾아오도록 만들거나, 구매 결정을 하거나, 구매 시기가 됐을 때 지인이나 다른 사람이 아니라 바로 우리에게서 구매하는 행동이 전제된 상품이 바로 개입 상품이다. 그러니까 개입 상품에 고객은 영업인을 만나기까지 돈이나 시간 혹은 노력이든 무엇이라도 투자한다. 따라서 기회비용이 발생한다.

이러한 행동들은 고객이 자기 자신에게 앞으로 어떤 행동을 취하게 될지에 대한 일종의 지침을 만든다. 이미 투자한 것에 대한 집착, 기회비용에 대한 생각이다. 여기에 멘토 포지셔닝이 어우러져 있다면 기회비용을 스스로 떠올렸던 고객은 '이 사람에게서 구매하는 것은 타당해. 전문가니까'라는 명분을 더욱 만든다. 을乙로서의 비즈니스가 아니라 갑甲의 위치에 설 수 있게 되는 놀라운 상황이 전개되는 것이다. 바로 고객들이 우리가 미리 설계해 놓은 신기루의 법칙, 즉 앞으로 다시 자세하게 설명할 세일즈 프로세스에 들어섰다. 이번에는 개입 상품을 통해서 성공을 거둔 사례를 소개해 보겠다.

동일한 상황에서
비즈니스 모델만 바꿔 이룬 성공

명확한 목표는 말의 곁눈 가리개처럼
목표를 가진 이의 시야를 좁게 하기 마련이다.
로버트 프로스트

수많은 교육생 중에서 가장 성공한 사례로 나는 망설임 없이 이분을 꼽는다. 슈퍼리치 영업의 기술인 신기루의 법칙이 자랑하는 가장 훌륭한 사례이다. 얼마나 돈을 잘 버는지 한 달에 자동차 한 대를 뽑는 취미가 있다는 말이 나올 정도니 긴 설명은 필요 없다.

원래는 집에서 가내수공업 형식으로 건강식품을 만들어 팔던 분으로 열심히 만든 건강식품을 몇 세트씩 들고 다니면서 가가호호를 방문하며 영업했다. 나름으로 열심히 하시는 만큼은 아니었지만, 전혀 성과가 없는 것도 아닌 고만고만한 어려운 세일즈를 지속하시다가 나와 인연이 닿아서 교육을 받았다. 그렇게 한동안 교육을 받던 이 분이 과감하고 획기적인 발상의 전환을 떠올렸다.

아예 업종을 바꿔버리자는 아이디어를 실천에 옮긴 것이다. 이전까지는 집에서 만든 건강식품을 판매하는 일을 했다면 이제는 아예 자신의 노하우를 알려주고 고객이 집에서도 그 건강식품을 만들어 먹을 수 있도록 교육하는 비즈니스로 바꾸었다. 도소매업에서 교육업으로의 극적인 전환이었다. 무모할 것처럼 보였던 이 결정이 어마어마한 성공으로 이어졌다. 같이 교육을 하던 수강생 중에 상당수가 이분의 판매 대리점을 신청해서 세일즈를 하고 있는데 이분들도 매달 1천만 원 정도씩 되는 수입을 올리고 있다고 한다.

그런데 이렇게 업종 자체를 바꾸는 결단을 내릴 수 있었던 배경에 바로 개입 상품의 원리가 숨겨져 있다는 사실에 주목하자. 몸에 좋다는 것을 익히 잘 알고 있는 건강식품이 있는데 놀랍게도 그 주인공이 만드는 방법을 알려줬기 때문에 집에서도 만들어 먹을 수 있게 된 것이다. 비용의 관점에서만 보면 당연히 유료 교육을 통해서 배운 노하우로 직접 건강식품을 만들어 먹는 쪽을 택하겠지만, 사실 사람이라는 동물이 그리 이성적인 것만은 아니므로 '번거롭고 이 고생을 하느니 차라리 사 먹는 게 낫겠다'라는 예상치 못했던 결과를 낳았다.

한국 건강 연구협회라는 단체를 만들어 건강식품 만드는 방법에 대해 유료 강의를 진행하고 있다. 그렇게 배운 노하우로 집에서도 자기 몸에 맞는 건강식품을 만들 수 있게 됐지만 한두 번 그렇게 해볼뿐, 대부분은 편하게 돈 주고 사서 먹는 방법을 선택하더라는 것이다. 고객은 이미 강의와 세미나에서 돈을 내고 배운 지식으로 개입된 상태이다. 그리고 전문가로서의 멘토 포지셔닝을 확고히 한 덕분에 실제로는 건강식품을 판매하는 영업인이지만 고객들은 선생님, 회장님이라 부르며 그에게 직접 건강식품을 주문한다. 대리점이나 도매 판매를 제외하고도 순수하게 자신이 판매하는 물량만 월 2천세트 정도라고 하니 '달마다 차 뽑을 만하다'는 생각이 절로 들었다.

정비 베테랑을 판매왕으로 만들어 준 개입 상품의 힘

의심으로 가득 찬 마음은
승리로의 여정에 집중할 수 없다.
아서 골든

•
•
•

스파크를 전문적으로 다뤄 성공의 길을 열었던 덩치 큰 부산 청년이 정보라는 로봇으로 승부를 본 사례라면, 이번에는 자동차 정비 실력을 바탕으로 한 차별화 전략을 개입 상품으로 성공을 거둔 자동차 세일즈맨에 대한 이야기이다.

13년 동안 자동차 정비 일에 종사했던 이 분이 내게 교육을 받게 된 것은 지난 2010년 봄 무렵이었다. 교육생들끼리 자신에 대한 소개와 근황을 자주 나누도록 하기 때문이기도 하지만 어디에다 하소연하기 힘든 비즈니스 현장에서의 고충을 서로 나누면서 관계가 무척이나 돈독해진다. 나 역시 수많은 교육생이 교육을 받고 마치고 또 새로운 얼굴들과 만나게 되지만 내게 찾아오기까지 겪었던 저마다의 이야기를 들을 때마다 안타깝다.

하루는 이 분이 하시는 말씀을 듣고 안타까운 사정이 못내 마음에 걸려서 신경을 더 썼기에 기억에 더욱 남는다. '1, 2, 3월에는 전혀 차를 팔지 못했다'라고 하셨다. 스치듯 지나가면서 하는 얘기이기는 했지만 나는 속으로 '그럼 생활은?'이라며 놀랄 수밖에 없었다. 그러나 워낙 열심히 배우고 스스로 상황에 적용하기 위해 애쓰고 노력한 덕분에 언제부터인지 표정이 확연히 좋아졌다는 것을 눈치챘다. 그래서 이제 좀 파시는가 했다.

그런데 하루는 '오늘은 세 대를 계약했습니다'라고 하시는 것이 아닌가. 나 역시 이렇게 성과가 나온다는 교육생들의 말을 듣게 되면 절로 신이 날 수밖에 없다. 그러더니 다음 수업에 오셔서는 '오늘은 한 대 팔았습니다'라고 하시는 것이다. 해서 '아유~ 잘하셨습니다'라고 덕담을 건네었더니 껄껄 웃으시면서 하시는 말이 '하루에 세 대는 해야지. 한 대는 그냥 설렁설렁 논 거지요'라는 것이 아닌가? 그만큼 자신의 세일즈에 탄력이 붙었고 체계가 잡혔다는 것을 느끼고 있었기 때문일 것이다.

이렇게 놀라운 변신의 비밀이 바로 슈퍼리치 영업의 기술인 신기루의 법칙 그중에서도 개입 상품인 사례이다. 이분의 세일즈를 새롭게 짜면서 중점으로 잡았던 것이 바로 13년 정비 경험을 갖춘 전문가라는 점을 내세우자였다. 수많은 자동차 세일즈맨들과의 경쟁에서 이분이 먼저 차별화될 수 있는 강점을 거기에서 찾았다. 멘토 포지셔닝과 세일즈 활동에서 실제로 이분의 정비 능력이 상당한 수준이었기에 고객들을 충분히 끌 수 있다고 보았다.

우선 이 분이 만들었던 개입 상품은 크게 2가지였다. 첫 차 사기 전에 미리 알고 있어야 할 자동차 정비 교육 하루 연수와 주기적인 방문을 통해서 구매 고객의 차량을 점검해주고 정비가 필요할 경우에는 정비소에 동행해서 바가지를 쓰지 않도록 도와주는 식의 사후 서비스였다.

'별것 아니네'라고 생각할지 모르지만, 자동차를 구매하려는 고객이라면 결코 쉽게 넘겨 버릴 수 없다. 사람들이 흔히 생각하는 자동차 세일즈맨들은 계약하기 전까지는 간 쓸개를 모두 빼줄 것처럼 하다가 막상 계약하고 나면 태도가 싸늘해질 것이라는 선입견이 있다. 중고차 딜러보다는 덜하겠지만 그래도 있다.

그리고 자동차를 타고 다니다가도 '문제가 생겼을 때 연락만 주시면 달려가겠다'는 약속도 지켜지지 않더라는 경험들을 주위에서 워낙 많이 듣다 보니 그냥 하는 소리라고 가볍게 취급하지만 이 분의 경우에는 하루짜리 자동차 정비 연수를 받는 동안 자동차 정비에 대한 전문성을 짧게나마 직접 보여줄 수 있었기 때문에 멘토 포지셔닝이 생길 수 있다. 따라서 실제 구매로 이어질 확률이 급속히 높아지는 것은 어찌 보면 당연한 결과였을지도 모른다.

이렇게 훌륭한 정비 실력을 개입 상품화한 덕분에 이분의 세일즈 실적은 어느 순간부터 급격히 올라가기 시작해서 급기야는 '이번 달에는 20대를 계약했습니다'라는 결과로 다른 교육생들로부터의 찬사를 얻기도 했다. 일단 자동차를 받은 기존 고객들에게도 애초 했던 방문 점검 등의 서비스를 성실하게 이행했기 때문에 이를 통해서도 다른 자동차 구매 고객을 다수 소개받는 효과까지 얻었다.

한편 이 사례에서 우리가 주목해야 할 것은 고객 관리 주기에 대한 것이다. 흔히 자주 전화하고 잊히지 않기 위해서 관계를 계속 유지하는 것'이 고객 관리라고 착각하기 쉽다. 하지만 중요한 것은 얼마나 자주 연락하느냐가 아니라 얼마나 효과적으로 관리를 하느냐에 달렸다. 한마디로 뇌리에 잊히지 않는 강한 인상을 주어야 한다.

고객과 비즈니스맨의 입장을 서로 바꿔놓고 생각해보자. 자동차를 살 때 알게 된 비즈니스맨이 전화를 걸어오면 처음에는 분명히 반갑게 받고 안부 인사를 나누겠지만, 나중에는 '다른 사람 소개해 달라는 거야 뭐야?'라고 생각할 수 있다. 이런 식의 활동은 고객 관리가 아니라 또 다른 형태의 민폐가 아닐까?

차라리 이분처럼 고객의 자동차에 문제가 생기거나 큰 수리를 받아야 할 때 정비소에 함께 가서 일행처럼 전문적인 지식으로 정비소를 능수능란하게 다루는 모습을 보임으로써 '덕분에 큰돈 들이지 않고 차를 고쳤다'는 감사의 인사를 받는 것이 훨씬 영향력이 큰 고객 관리다.

7

거금도 아깝지 않게 만드는
속박전제 개입 상품

순간을 사랑하라. 그러면 그 순간의 에너지가
모든 경계를 넘어 퍼져나갈 것이다.
코리타 켄트

자동차 분야의 사례만 거론했으니 다른 분야에서의 사례도 한번 살펴보자. IMF 경제 위기 이후로 은행과 같은 금융기관에 돈을 넣어두고 그 이자로 생활한다거나 하는 상황은 이제 거의 불가능하다. 따라서 주식투자이든 금을 사든 채권을 사든 혹은 부동산을 하든 투자를 하는 사람들이 엄청나게 많아졌다. 재테크 서적이 서점가에서 끊임없이 출간되는 요인도 바로 거기에 있다.

지금 소개하려는 분도 이런 투자 열기를 사업의 기회로 잡은 사례인데 부동산 그중에서도 빌라만을 전문적으로 취급하는 자기만의 틈새시장을 확실하게 개척해 성공했다. 부동산 매매 중개 업무를 계속해왔지만, 가격 문의 전화만 오고 실제로 거래로 연결되는 일이 거의 없어서 애를 태우던 상황이었다고 한다.

이분에 대한 컨설팅을 진행할 때에 나는 이분의 상황에 꼭 맞는 개입 상품을 만드는 것이 관건이라고 생각했다. 이분의 개입 상품을 이해하기 위해서는 부동산 시장 특히 빌라 거래 시장의 특징에 대한 지식이 좀 필요하다. 이 분이 하는 '빌라 투자'라는 것은 빌라를 투자 용으로 판매하는 것인데 돈을 투자한 사람에게 빌라를 사주고는 잘 고친 다음 몇 달 만에 중간 이윤을 좀 더 붙여서 다시 되팔아 돈을 벌었다.

다른 분야의 세일즈에 비해 고쳐서 되팔 허름한 빌라에 투자할 사람을 확보하고 있어야 하고 동시에 그렇게 사들여 고친 빌라는 살 사람까지 확보하고 있어야 성립할 수 있는 까다로운 비즈니스이다.

그런데 이 비즈니스에 있어서 가장 큰 문제는 부동산의 특성상 매매가 금방 일어나는 게 아니라는 점이다. 어제 건물을 하나 사고 내일은 집을 사는 그런 사람은 없을 것이다. 게다가 부동산을 사들일 때 기본적으로 금융기관을 통한 대출을 어느 정도 끼고 사는 것이 일반적이기 때문에 집이 마음에 든다고 해서 덜컥 계약하는 경우는 거의 없다고 봐야 한다. 금액 단위가 큰 만큼 신중히 처리하는 사람들이 대부분이라고 한다. '이 빌라를 사는 게 좋겠어'라는 생각을 하고 나서도 실제로 결정을 내리고 행동으로 옮기기까지 상당한 시간이 걸릴 수밖에 없다.

그래서 이 분의 경우에는 좀 더 발전된 형태의 개입 상품을 만들어야만 했었다. 부동산 거래의 특성을 바꿀 수는 없겠지만, 이것을 어느 정도 제어하는 것은 가능하다고 봤기 때문이었다. 어차피 생각하고 결심하고 행동으로 옮기기까지의 시간이 필요하다면 그 시간은 충분히 주되 실제로 빌라를 살 때는 우리에게 사도록 만들 수만 있다면 그 기다리는 시간은 충분히 감수할 만하다. 그래서 나는 이때 만들어진 형태의 개입 상품을 좀 더 구체적인 표현으로 '속박 전제 개입 상품'이라고 부르고 있다.

구체적으로 이 속박 전제 개입 상품을 설명해 보자면 다음과 같다. 먼저 조만간 빌라를 살 생각이 있는 사람들을 대상으로 빌라 투자 세미나를 열어서 관심을 유도한다. 그런 다음 실제로 빌라 투자를 계획하고 있는 사람들을 추려서 'VIP 코스 연회비' 등의 명목으로 돈을 먼저 받는다. 고객이 빌라를 사기 전에 매물들을 보러 다닐 때 동행하면서 전문가의 입장에서 이 매물에는 어떤 문제가 있고 어떤 점을 보완하면 다시 팔았을 때 좋은 수익률을 예상할 수 있다는 식으로 조언을 할 수 있는 서비스 상품을 만든다. 어차피 돈을 냈다고는 하지만 고객들이야 제대로 된 좋은 물건을 고르기만 하면 되니 누구한테 사든 상관이 없을 것이고, 이왕이면 자문료를 치른 이분에게 거래를 하려고 할 것이다.

요령을 하나 더 알려 주자면 이렇게 조언을 받는 고객이 '여기 좀 봐주세요'라고 하는 매물 탐방에 동행했을 때 어차피 고객은 상당히 영업인에게 개입된 상태이기 때문에 그의 조언을 비중 있게 들을 상황이다. 따라서 자신이 보유하고 있는 매물이 더 낫다는 쪽으로 은연

중 자연스럽게 얘기할 수 있다는 것도 영업 성과를 높이는데 한몫을
했다.

멘토 포지셔닝,
판매자가 아니라 선생님이 되어야 하는 이유

지금까지 로볼과 개입 상품을 통해서 상당한 성과를 나타내고 있는 사례들을 살펴보았다면 이번에는 슈퍼리치 영업의 기술인 신기루의 법칙에서 중요한 비중을 차지하고 있는 멘토 포지셔닝을 통해서 성공한 사람들의 이야기를 살펴보자.

멘토 포지셔닝에서의 멘토Mentor라는 말의 유래는 아주 오래전으로 거슬러 올라간다. 트로이 전쟁에 참여하기 위해 고국을 떠나야 하던 왕은 자기 아들의 교육을 너무나 걱정했다. 지식과 지혜가 가득한 남자로 자라줬으면 하지만 또 한편으로는 강인한 육체를 지닌 건강한 사나이로 자라줬으면 하는 바람도 있었기 때문이었다. 그런데 이렇게 중요한 일을 아무에게나 맡길 수는 없는 노릇이 아닌가. 그래서 왕은 자기가 가장 믿을 수 있는 사람에게 아들을 맡기고 트로이로 떠난다. 그렇게 왕의 부탁으로 스승이 되어 왕자를 훌륭하게 길러낼 임무를 맡았던 사람의 이름 멘토르에서 유래된 말이 바로 멘토이다. 왕이 자기 아들을 맡길 만큼의 실력과 인품을 골고루 갖춘 전문가 중의 전문가가 바로 멘토였던 것처럼, 멘토 포지셔닝 역시 고객이 갑甲의 관점, 영업인이 을乙의 관점에 서는 것이 아니라 오히려 영업인이 갑이 되어 을이 요청한 서비스나 상품을 구매할 수 있도록 해주는 관계를 만들자는 것이다.

우리 주변에서 가장 쉽게 볼 수 있는 멘토 포지셔닝으로는 의사를 들 수 있다. 제아무리 부자이고 힘이 있는 환자라고 하더라도 일단 병원에 가면 가운 입은 의사에게는 선생님이라고 부르게 마련이다. 새파랗게 젊은 새내기 의사라고 하더라도 그가 일어나라면 일어나고, 침상에 누우라면 군말 않고 눕는다. 옷을 벗고 검사를 받으라면 순순히 따른다. 왜 그럴까? 바로 자신의 건강과 치료를 맡아줄 전문가라는 사실을 알고 있기 때문이다. 말하자면 병원이 환자가 지급하는 의료비로 이익을 얻고 의사들도 그것으로 급여를 받는 관계이지만 의사에게 '내가 당신 벌어먹게 해주는 사람이야'라고 큰소리를 칠만한 사람은 아마 없을 것이다. 그런 사람이 있다면 다른 과 치료가 필요한 환자라고 생각하지 않을까? 그렇게 멘토 포지셔닝은 아주 강력한 효과를 나타낼 수 있다는 점에서 영업인들이 자신의 전문성을 통해서 꼭 갖춰야 할 강력한 경쟁 무기이다.

멘토 포지셔닝이라는 것을 갖추기 위해서 가장 중요한 것은 뭐니 뭐니 해도 실력이다. 그런데 이 실력이라는 것은 본인이 주장하는 것이 아니라 남들이 인정하는 것이라야 한다. 제아무리 대단한 능력과 실력을 갖췄더라도 남들이 전혀 모르면 아무짝에도 쓸모없다. 따라서 멘토 포지셔닝을 원한다면 매우 적극적으로 그 사실을 알려야 한다. 그리고 그 활동은 매우 일관되고 전략적이어야 한다.

로볼은 멘토 포지셔닝을 위한 맛보기 서비스다. 실력을 잠재 고객과 대중에게까지 널리 알리기 위해서는 로볼을 정보집이나 서비스를 만들어 배포하는 것도 필요하고 강의나 교육을 하는 것도 좋다. 홈페이지나 블로그, 인터넷 카페 등을 만들어서 자기 자신의 개인 브랜딩에 적극적으로 나서야 한다.

앞에서 사례로 들었던 손자병법의 손무도 자신의 책을 통해서 그리고 오합지졸인 궁녀들을 짧은 시간 안에 확 바꿔놓는 실력을 보여줌으로써 한 나라의 왕이 자신을 군사 책임자의 중책에 올릴 만큼 인정받았던 것처럼, 멘토 포지셔닝을 얻기 위해서 전략적인 행동을 했던 또 다른 사례가 있다. 이번에도 고대 중국의 유명한 한 인물의 고사에서 비밀을 찾을 수 있다.

천하가 오랜 전쟁과 혼란으로 어지럽던 무렵 한 젊은이가 산골짜기에 터를 잡고 공부하고 있었다. 오랜 공부 끝에 놀라운 실력을 쌓을 수 있었던 이 젊은이는 세상으로 나아가고자 하는 뜻을 세우게 됐다. 천하의 어느 곳에서 자기 뜻을 펼치는 것이 좋을까를 관찰하다가 유비라는 사람이 자기가 사는 곳의 수령으로 부임했고 비록 몰락한 황실이지만 유비가 황실의 후예이고 덕이 매우 높아 사람들의 신망이 두텁다는 것을 알게 된다. 아직은 시골 수령에 불과하지만 유비에게서 가능성을 발견한 젊은이는 '그의 사람이 되겠다'고 결심하고 계획을 실행에 옮긴다. 요즘 표현으로 하면 역사적으로도 가장 유명한 바이럴 마케팅Viral Marketing, 자발적인 입소문 마케팅, 인터넷을 통해 빠르고 광범위하게 전파된다의 주인공쯤인 이 젊은이는 제갈공명이다.

제갈공명은 유비에게 발탁되기 위해서 꾀를 내는데 '세상에 어떠한 군주가 됐든 와룡이나 봉추 중 하나를 귀히 쓰면 천하를 얻을 수 있다'는 내용의 노래를 만들어 동네 아이들과 농민들에게 부르게 했다. 결국 많은 사람이 부르는 노래는 유비의 귀에 들어갔고 제갈공명에 대한 호기심이 생긴 유비는 그를 찾아가게 된다.

흥미롭게도 제갈공명은 유비가 찾아오는 것을 관찰하고 있다가 유비가 올 때마다 어디론가 숨어버리곤 했다. 그럴 때마다 유비는 더욱 애가 탔고 제갈공명을 만나고 싶은 마음이 커져만 갔다. 점차 제갈공명의 뜻에 개입을 한 셈이다. 한촌의 수령이라고는 하나 어엿한 관직이 있는 인물인 데에도 동네 젊은이를 만나고 싶어서 몸이 달았다.

그러다가 다시 제갈공명의 집을 찾아간 유비는 제갈공명이 낮잠을 자고 있다는 소식에 그를 만나지 못하고 깰 때까지 밖에서 기다리는 곤욕을 다시 한번 치른다. 그리고 군말 없이 제갈공명이 깨어날 때까지 기다렸다가 간신히 그가 그토록 듣고 싶어 했던 천하삼분지계天下三分, 세상이 셋으로 나누어짐, 중국 후한 이후에 위, 촉, 오의 삼국이 정립하여 삼국시대를 이룸라는 거대한 계책을 듣고 천하 제패의 꿈을 본격적으로 키우기 시작한다. 그리고 당연히 제갈공명은 유비의 이인자로서 도원결의를 맺었던 의형제들보다 가까운 곳에서 유비를 보좌한다. 이쯤 되면 제갈공명은 대단한 멘토 포지셔닝 구축에 성공한 사람이라는 생각이 들지 않으신가?

8

세무서도 놀란 매출 증가, 블로그 하나로 이루다

성공한 사람은 대개 지난번 성취한 것보다 다소 높게, 그러나 과하지 않게
다음 목표를 세운다. 이렇게 꾸준히 자신의 포부를 키워간다.

데이비드 M. 번스

어떻게 하면 매출과 실적을 늘릴 수 있는가에 대한 깊은 고민 끝에 나를 찾아오시는 분들이 대부분이기는 하지만 지금 말하려는 이 분의 경우는 갑갑하기가 이루 말할 수 없었다. 알칼리 이온수기를 판매하시는 분이었는데 지역 총판을 운영하고 있기는 했지만, 하부 영업 조직이라고는 아무도 없어 혼자 사무실에 앉아 계시거나 팸플릿을 들고 무작위로 방문 영업을 하는 답답한 상황이었다. 하지만 정말로 악착같이 자기 일에 열성을 다하는 분이어서 10만 장의 전단을 천안에 있는 아파트란 아파트에는 빠짐없이 붙일 정도였다.

아마도 자기 일에 대해 몰입과 정성이 있었으니까 깜짝 놀랄만한 멘토링 효과가 나타났던 사례였다. 멘토링을 시작하고 상황을 타개해 보기 위해 머리를 맞댄 우리는 우선 공략하려는 목표 고객을 좁혀

아토피가 있는 자녀를 둔 어머니로 하였다. 목표 고객을 설정한 뒤에 알칼리 이온수를 직접 체험할 수 있도록 하는 로볼을 만들었고 동시에 물과 관련해서 아토피에서 벗어나는 각종 노하우와 체험담 등의 정보도 로볼화시켜 여러 지점을 통해 퍼뜨렸으며 이것으로 목표 고객에 대한 DB를 모으기 시작했다.

이렇게 수집한 고객 명단을 기반으로 언론 보도 자료와 기타 아토피 치료에 도움이 되는 내용을 자세하게 축적해 나가기 시작했고, 전화 상담을 통해서 다른 영업인들과 차별화를 꾀했다. 그리고 이러한 활동을 블로그라는 하나의 채널에 집중시켜 본인의 전문성을 알리는 작업 즉, 멘토 포지셔닝을 적극적으로 구축했다.

그렇게 재구축한 세일즈 활동은 어느 순간 놀랍도록 폭발적인 반응을 나타냈다. 그토록 처절하게 영업을 하고서야 한 달에 두어 대 팔던 알칼리 이온수기의 판매 실적이 치솟았다. 몇 달 후인 2011년 급기야 세무서에서 연락이 와 갑작스러운 매출 증가를 믿기 어렵다며 카드 전표를 제출하라고 할 정도였다. 한 달 판매 대수는 약 10배 정도 뛰었고 매출이 가장 많았던 달에는 무려 60여 대를 계약할 정도였다. 여기에 매달 대여한 이온수기 사용료 일부를 회사 측으로부터 받는 수익만 해도 어마어마한 수준인데 '얼마나 버십니까?'라고 물어보니 '밥만 먹고삽니다'라고 호탕하게 웃는 모습을 보며 나 역시 큰 보람을 느끼게 됐다.

이렇게 우리 두 사람이 불과 몇 달 전의 이야기로 웃으며 대화를 하는 중에도 계속 전화가 걸려왔다. 알칼리 이온수기와 아토피에 대한 상담을 받기 위한 전화였는데 '멘토 포지션이 저렇게 사람의 입장을 뒤바꿔 놓는구나!' 하는 생각에 깜짝 놀랐다. 어떤 분은 '너무 늦게 전화 건 게 아닌지 모르겠습니다만 괜찮으시다면 잠깐만이라도 통화를 할 수 있으신가요?'라고 정중하게 요청하니 이분의 말씀이 '지금 식사 중이어서 나중에 통화하시지요'라고 하는 것이 아닌가? 그렇게 고객과의 전화를 여유롭게 대할 수 있을 만큼 이분의 사업은 대성공을 거두었다.

그날 '아이가 아토피로 막 울고 있는데 어떻게 하면 좋을까요? 제발 도와주세요'라는 한 젊은 엄마의 전화에 진지하게 상담하는 모습을 보면서 고객들에게 세일즈맨으로 취급을 받거나 혹은 멘토로 대우를 받거나 그건 모두 우리가 어떻게 하느냐에 전적으로 달렸다는 것을 확신하게 됐다. 스스로 나는 고객에게 도움을 주는 멘토라고 생각하고 임한다면 문제가 하나씩 풀려나가기 시작할 것이다.

이렇게 구축한 멘토 포지션을 지속해서 유지 관리해야 한다. 외부 강연이나 제품 사용 고객 중 만족도가 높은 사람들을 따로 모은 주축 세력을 모으고, 팬클럽을 만든다. 이러한 활동들은 모두 모바일과 인터넷 등을 통해서 지속해서 보거나 알 수 있도록 드러내야 한다. 이런 적극적인 활동을 딱 1년만 해보시기를 진심으로 바라마지않는다. 그렇게 하고서도 성과가 나오지 않는다면 언제든 필자에게 찾아와서 도움을 받으시길 바란다.

9

상담비부터 받고 영업하는
슈퍼리치 이야기

모두에게 전성기가 있지만
어떤 이들의 전성기는 다른 이들보다 더 길다.
윈스턴 처칠

멘토 포지셔닝의 대표적인 사례를 하나만 더 소개해 보겠다. 워낙 인상 깊어서 이미 다른 책과 강연 등을 통해서도 여러 차례 이야기한 바가 있다. 혼자서 1인 10역을 하며 부동산 분양 쪽에서 활동하고 있었다. 보통 영업 쪽에서 일하는 사람들은 일의 특성상 과장이 약간 들어갈 수밖에 없지만 이분은 전혀 그런 것이 없는 진솔한 세일즈맨이었다.

그런데 워낙에 능력이 뛰어나다 보니 다른 사람들은 엄두도 내기 힘들 것 같은 일을 자주 자연스럽고 쉽게 해내곤 했다. 어느 분야에서든 이렇게 뛰어난 사람들은 여기저기서 연락이 가게 마련인지라 '만나 뵀으면 한다', '업무 제휴 차 상담 약속을 잡고 싶다'는 전화가 하루에도 수십 통씩 걸려오지만 늘 이분의 대답은 이렇게 시작한다. '상담하고 싶으시면 비용을 먼저 입금하셔야 합니다.' 대부분 '그게 말이나 되나?'라고 펄쩍 뛰시겠지만, 엄연히 그리하신다. 일반 고객은 물론이거니와 분양 대행사와 회의를 한다고 해도 '입금을 하셔야 한다'고 말하고 있다.

아예 멘토 포지셔닝과 개입 상품을 못 박아 버리고 상담을 시작하는 놀라운 사람이었다. 어쨌든 이분을 만나기 위해서 고객들이 돈을 내고 오기 때문에 그들은 이미 자신들의 행위에 정당성을 부여하기 위해 스스로 개입된 상태가 되는 것이다.

이분은 본인의 멤버들을 대상으로 하는 회원제 사이트를 운영하면서 회원 등급에 맞는 혜택을 주고, 자신의 전문성을 기반으로 하는 견본과 책을 판매하고, 칼럼 기고와 방송 출연, 전문 위원 활동 등을 꾸준히 해오고 있다. 이분의 경우에는 본인에게 물건을 사려는 사람들과 상담, 매물을 보러 동행 등에 일일이 자문료를 책정해 놓았다. 오히려 사람들에게 그러한 원칙이 더 신뢰를 받는 요인으로 작용하고 있다. '입금해야 한다'는 말을 듣게 되면 처음에는 누구나 고민하게 되지만 입금하고 나면 전적으로 믿음이 갈 수밖에 없다. 이게 바로 멘토 포지셔닝이다.

고객을 찾아다니고, 고객에게 매달리고 하는 것보다 고객이 우리를 찾아오게끔 만들어야 한다. 우리를 제대로 잘 찾아올 수 있게끔 셀프 어프로칭을 만들고 중간중간 우리의 전문성을 인정하며 스스로 개입할 수 있도록 동선을 설계한다면 예전부터 내가 늘 해왔던 '단 한

번의 거절도 없이 판매할 수 있다'는 호언장담이 결코 빈말이 아니라는 것을 알게 되실 것이다.

이렇게 제대로 배우고 실천해서 몸에 익히기만 하면 누구나 성공할 수 있다고 늘 주장하는 신기루의 법칙 절반을 살펴보았다. 이제 그 나머지를 살펴볼 때이다. 고객들이 이미 개입되어 나를 찾아오는 과정까지를 공부했다면 지금부터는 고객을 만나서 상담하고 어떻게 멘토의 위치를 더욱 굳혀 구매하게 하는지 대한 아주 구체적인 방법론을 살펴보자.

이렇게 다음 장에서 남은 부분까지 모두 공부를 마치게 되면 누구나 성공할 수 있다고 내가 장담한 슈퍼리치 영업 기술의 완전체 즉, 세일즈 프로세스라고 부르는 성공의 비밀을 확실하게 손에 쥘 수 있다. 다음 장부터는 슈퍼리치 영업의 기술인 신기루의 법칙과 세일즈 프로세스라는 표현을 함께 사용하겠다.

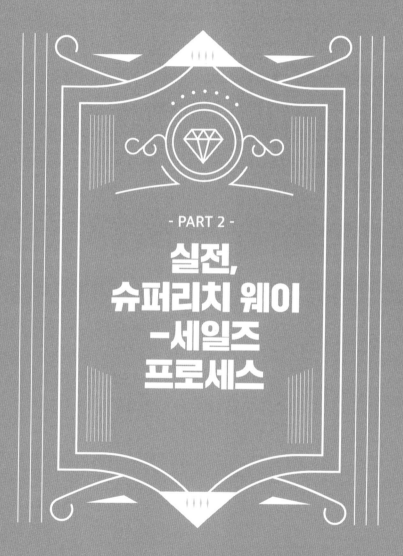

- PART 2 -

실전,
슈퍼리치 웨이
-세일즈
프로세스

이번 파트를 통틀어서 반복적으로 설명을 하겠지만, 세일즈 프로세스라는 말은 나만의 비즈니스 설계도 혹은 맞춤식 영업 체계다. 성공하는 비즈니스 과정에 반드시 들어가게 되는 여러 요소를 나에게 꼭 맞도록 재구성한 것이 바로 세일즈 프로세스이다. 슈퍼리치 영업의 기술인 신기루의 법칙을 제대로 이해하고 따라 하기만 하면 누구나 성공할 수 있게 해주는 방법론이라고 말하는 이유도 거기에 있다. 성공은 치밀하게 준비하고 성실하게 그것을 이행하는 것에서 시작된다. 세일즈 프로세스를 이해하기 시작하면 신기루의 법칙이 긍정적인 생각을 하기만 하면 소원이 이루어진다는 막연한 낙관론이 아니라는 사실을 알게 된다.

한편 세일즈 프로세스 혹은 이 법칙이 모든 사람에게 효과가 있다고 말하는 것은 그 원리를 충분히 이해하고 적용하면 된다는 뜻이지 누구에게나 무차별적으로 효과가 있는 하나 혹은 여러 개로 정형화된 고정불변의 무언가가 있다는 뜻으로 착각해서는 안 된다.

다른 사람이 큰 효과를 봤더라도 내가 그걸 고스란히 따라 해서도 안 되고 또 그럴 필요도 없다. 사람이 저마다 각각 처한 상황, 취급하고 있는 제품, 상품, 서비스가 다르다. 신기루의 법칙 또는 세일즈 프로세스를 나만의 비즈니스 설계도라고 말하는 것도 그런 까닭이다.

지금부터는 그동안 수많은 사례를 통해서 체계를 잡아 온 세일즈 프로세스 혹은 신기루의 법칙을 검증해 볼 차례이다. 슈퍼리치 영업의 기술인 신기루의 법칙이 적용되지 않은 보통의 판매 과정이 어떻게 진행되는지를 머릿속에 둔 상태로 슈퍼리치로 이끄는 신기루의 법칙이 나타나는 과정을 살펴보자. 목표 고객 설정과 로볼, 레터, 개입 상품, 멘토 포지셔닝을 거친 잠재 고객을 실제로 만나서 최종적인 구매 결정을 끌어내는 과정을 보면 차이를 알 수 있다.

그리고 지금부터 나올 내용은 앞장에서 소개되지 않았던 이 법칙의 나머지 절반에 해당하는 부분이니 잘 읽어주시길 바란다. 비즈니스 현장에서 겪게 되는 다양한 문제들을 해결하는 과정을 통해서 본격적으로 세일즈 프로세스에 대해 살펴보겠다.

CHAPTER 1

슈퍼리치 세일즈는
사전 준비와 디테일에 강하다

용어만 바꾸어도 매출이 달라진다
문자(SMS)

꿈꿀 수 있다면 실현도 가능하다.

월트 디즈니

∙
∙
∙

멘토 포지셔닝이 잘 구축되어 있고, 나의 제품, 상품, 서비스에 고객이 충분히 개입된 상태라면 고객과 만남이 어렵지 않다. 고객이 먼저 '만나고 싶다'는 경우가 많으니까. 하지만 지금까지 살펴본 것처럼 신기루의 법칙을 잘 활용한 경우가 아닌 보통의 비즈니스 목적의 전화를 기쁘고 즐거운 마음으로 걸 수 있는 사람은 거의 없을 것이다. 현장 대부분이 그렇기 마련 아닌가.

그렇다고 '나만 전화 통화가 어려운가?'라고 걱정할 필요는 없다. 오랜 기간 세일즈와 영업 현장에서 종사하고 있는 베테랑 중에도 사실은 고객에게 전화하는 것에 울렁증을 가진 사람들이 적지 않다. '안 사요.' '관심 없어요'라는 차가운 거절의 말을 듣거나 '전화하지 마!' '내 번호 어떻게 알았어?'처럼 신경질적이고 따져 묻는 말을 듣고 싶어 하는 사람이 있을 리 없을 테니까. 가끔 '실제로 만나서 얘기하는 건 괜찮은데 전화는 정말…'이라며 말끝을 흐리는 사람들을 만나게 된다.

고객과의 전화는 그만큼 쉽지 않은 일이긴 하지만 이럴 때 문자SMS, Short Message Service, 단문 메시지 서비스를 잘 활용하는 것도 방법이다. 고객과의 전화통화를 대체 혹은 보조하기 위한 수단으로써 문자를 통해 우리가 기대할 수 있는 효과는 크게 3가지다.

먼저 문자를 이용해서 아예 판매까지 성사시켜 버리는 세일즈 용이 있다. 반복 구매, 재구매인 경우나 멘토 포지셔닝이 정확하게 구축되어 있고 고객이 이미 충분히 개입된 상황에서는 가능한 방법이다. 그리고 나머지 경우가 고객과 만남의 약속을 확정하는 정도의 확인 전화 대체용, 고객과 전화통화를 수월하게 하기 위한 전화 통화 보조 용도가 있다.

문자를 고객에게 보내서 기대할 수 있는 현실적인 효과는 결국 확정 전화 대체용과 전화 통화 보조용 2가지이다. 내가 초짜 영업인이었을 때 저질렀던 실수를 다시 재구성해 놓은 아래의 이미지 자료를 통해서 어떤 점에 주의해야 하는지를 살펴보자.

1번 문자는 할 필요가 없는 말로 시작해서 실수를 저질렀다. 문자를 보낸 사람이 내가 누구인가를 첫 문자에서 밝히고 있지만, 고객의 답장은 누구냐는 것이다. 그런데 이건 당연한 반응이다. 처지를 바꿔서 생각해보자. 여러분이 난데없는 문자를 하나 받았는데 '나는 누구인데 당신이 누구 맞느냐?'라고 한다면 뭐라고 대답할까? 이미 애타

1	2
업체	업체
안녕하세요? 한나패드입니다. 김선자 고객님 맞으세요?	그것 때문에 언제뵈러 가면 좋은지 여쭤보려고 연락드렸습니다.
고객	고객
???? 누구??	아... 오시는 거예요???
업체	업체
네. 이번에 이벤트 당첨되셔서 연락드렸습니다. 무료체험이벤트 신청하셨잖아요?	고객님께서 저희 제품에 대해 잘 모르시기 때문에 알려드릴게 있어서요. 언제가 좋을까요?
고객	고객
네? 무슨체험이요?	좀 부담이 되는데.. 오시는건...
업체	업체
면생리대 무료체험 신청하지 않으셨어요?	부담 갖으실 거 전혀없고요. 편하게 생각하시면 됩니다. 언제 뵈러 갈까요?
고객	고객
아. 네....-_-	저 그냥 취소할게요. 요즘 좀 바빠서요.

문자의 핵심은 고객에게 '어떤 이득이 있는가'를 설득하는 것이다

게 기다리고 있는 전화가 아니라면 100% '어디라고요?'라고 묻게 되어 있다.

게다가 다음 줄의 문자에서는 고객을 더욱 당황스럽게 만드는 실수를 저질렀다. 아마 과거의 언젠가 김선자라는 사람이 무슨 이벤트에 응모하면서 이름과 연락처를 적었을 것이다. 그런 자료가 없는데 무작위로 전화를 걸고는 '김선자 님이시죠?'라고 했는데 마침 그 사람

이름이 김선자일 리가 없지 않겠는가.

하지만 고객은 그런 이벤트에 응모했다던가 하는 기억을 제대로 하고 있을 리가 없다. 그러므로 고객에게 다짜고짜 '당신이 응모한 이벤트니까 내가 문자를 했다'는 식으로 접근해서는 안 된다.

2번으로 넘어가면 실수는 점점 크게 번져가기 시작한다. 고객은 가물가물한 기억을 되짚어가며 '아, 그 이벤트요?' 하고 있는데 다짜고짜 '찾아갈 테니 언제가 좋으냐?'라고 묻고 있다. 누가 이것을 반기겠으며 좋아하겠는가. 본래의 목적을 생각해보면 이해가 더욱 쉬울 것이다. 고객에게 문자를 보낸 목적이 '만남'인가 아니면 '구매'인가? 당연히 후자다. 따라서 긍정적이고 우호적인 분위기에서 만남이 이루어져야만 한다.

다음 줄로 가면 문자로 저지를 수 있는 실수는 거의 다 나왔다. 고객의 답장으로 '분위기가 좋지 않은데?'라는 것을 감지해야 함에도 아랑곳하지 않고 자기 할 말만 계속하고 있다. 마침내 고객은 '취소할게요'라고 해버린다. '뭐야? 재수 없게'라며 욕이나 하지 않으면 다행이 되고 말았다.

전화가 어렵다고 해서 대체하려는 것이 문자를 보내는 것인데 이렇게 시작한다면 뒤의 문자가 어려워질 것은 뻔하다. 아마 답장도 하지 않고 차단하는 사람도 적지 않을 것이다. 요즘 스마트폰의 스팸 차단 애플리케이션의 기능이 얼마나 쉽고 강력한지는 다들 잘 알고 계실 것이다. 인건비와 시간, 노력을 들여서 어렵게 얻은 DB 중 연락처

하나가 그냥 허공으로 사라져 버리는 안타까운 순간이다.

따라서 문자를 보낼 때 상호를 알릴 필요가 없다는 데 가장 주의한다. 고객은 얼굴도 모르는 당신에게 관심이 없을 뿐만 아니라 어떤 회사에 다니는지 어떤 직급에 있는지는 관심이 없다. 굳이 할 필요가 없는 문자를 보내면 그것에 고객들이 답장을 보낼 리가 없다. 문자가 만남을 확인하거나 전화를 편하게 하는 보조적인 역할이라는 것을 염두에 두어야 한다. 문자를 통해서 기대할 수 있는 가장 좋은 것은 고객이 영업인의 방문에 관심이 있게끔 하는 것이다.

이렇게 고객과 만남을 위해 전화 대신 문자를 보내려고 할 때 참고가 될 만한 강의 동영상을 인터넷[5]에 올려놓았으니 참고하기 바란다.

---

5) https://www.youtube.com/watch?v=KrNP-bPTUlo

질문으로 시작한 제목이 마음을 여는 이유
전자우편

전력을 다하여 자신에게 충실하고 올바른 길로 나가라.
참으로 내 생각을 채울 수 있는 것은 나 자신뿐이다.
나를 변화시킬 수 있는 건 오로지 나뿐이다.
우렐리우스

문자나 전화만큼이나 자주 사용되는 것이 바로 전자우편이다. 요즘 처럼 인터넷 활용이 일상화되어 있는 현실에는 활용 가능성이 매우 높은 수단이지만 예측과는 달리 상당히 등한시되고 있는 것 또한 사실이다. 전자우편 역시 문자처럼 이것만을 통해서 제품을 바로 판매하기는 어렵지만, 고객과의 상담 과정에서 큰 신뢰감을 줄 수 있게끔 활용하기에 좋다. 고객과의 전화통화 목적이 세일즈 상담 약속을 확정하기 위한 목적이라면, 잘 만든 전자우편도 그 역할을 훌륭히 해낼 수 있다. 효과적인 세일즈 도구로서 전자우편 쓰기를 살펴보자.

파트 1에서 다뤘던 레터Letter 편에서 전자우편에 대해 잠시 언급했지만 이번에는 고객을 개입시키기 위한 수단으로써 얘기해보자. 그 첫 번째 노하우는 질문을 통해 대화하라는 것이다. 전자우편의 내용을 질문으로 시작하는 것은 생각했던 것보다 큰 효과를 불러온다.

잠시 조간신문에 대한 기억을 떠올려 보도록 하자. 지금은 이런 풍경이 많이 줄어들었지만, 예전에는 조간신문을 받아보는 가정이 상당히 많았다. 아침 식사 시간, 어머니가 준비해 놓은 식사를 하면서 아버지는 조간신문을 잠깐잠깐 훑어보고는 가방과 함께 신문을 챙겨 출근하셨을 것이다. 출근 지하철에는 신문을 접어 읽는 사람들이 지금도 적지 않다. 시작을 질문으로 하라고 해 놓고 난데없이 조간신문 이야기를 하는 까닭은 신문 기사의 글쓰기 형식을 눈여겨볼 필요가 있어서다.

신문의 기사는 형식이 이러하다. 굵은 글씨로 제목이 나오고 그 바로 아래에 조금 작게, 본문보다는 굵은 글씨로 부제목이 나온 다음 본문 기사가 시작된다. 그 본문 기사의 형식도 결론이 가장 앞부분에 나오게 마련이다. 그러다 보니 '제목만 읽어도 신문은 대충 내용을 알 수 있다'는 얘기가 나온다. 어느 신문이든 이런 형식으로 기사를 쓴다. 우리가 관심 두고 볼 점은 왜 신문이 이렇게 제목을 통해서 기사의 내용을 충분히 짐작할 수 있도록 쓰고, 본문 또한 결론을 앞부분에 쓰느냐이다.

이건 전적으로 바쁜 독자를 위해서이다. 출근 시간에 쫓겨 신문을 꼼꼼히 읽을 시간적 여유가 없다 보니 훑어만 봐도 내용을 알 수 있게 쓰게 된 것이다. 그리고 기사 본문의 내용을 모두 읽어보고 싶게끔 유도한다. 그래야 독자들이 신문에 관심을 가진다. 그래서 잘 쓴 신문 기사는 제목만 봐도 독자의 관심을 한눈에 잡아끄는 것이다.

세일즈에서 전자 우편을 쓸 때 제목은 곧 질문, 고객과 대화하라고 주장하는 것도 그런 이유에서다. 고객들은 이미 바쁘다. 하루 일상이 너무나 바쁘고 여기저기서 들려오는 광고, 제안, 정보 등에 치일대로 치어 사는 사람들이 요즘 사람들이고 우리가 목표로 하는 잠재 고객들이다. 그러다 보니 우리가 정성 들여 작성한 전단이든, 전자 우편이든 제대로 읽어줄 여유가 없고 그럴 생각도 없다.

한눈에 사람들의 이목을 확 잡아끌지 못하면 그대로 휴지통에 버려지거나 스팸 처리될 확률이 높으므로 글 제목부터 대화하라. 여기에는 여러 가지 노하우와 방법들이 있지만 어떤 비장의 방법이라고 하더라도 자주 접해서 익숙해지면 더 사람들의 시선을 끌기 힘들어진다.

내가 그동안 수많은 경험을 통해서 검증한 방법이 바로 제목은 곧 질문, 고객과 대화하라, 즉, 질문을 던지라는 것이다. 실제로 경험해 보면 생각보다 훨씬 강력한 반응에 자신도 놀라게 될 것이다. 전자우편의 제목부터 질문하라는 것은 그것을 열어본 잠재 고객의 마음과 무언의 대화를 하겠다는 의도가 있다.

신경 언어학을 기반으로 하는 NLP Neuro-Linguistic Programming, 신경언어 프로그램, 뇌 기능과 인간의 마음 구조 심층을 투시하여 몸과 마음의 상호작용 결과로 사람을 변화시키는 능력을 개발하는 과학적 기술라는 것이 있다. 이것에 따르면 질문은 그것을 받은 사람의 두뇌 속에 개방 루프라는 것을 만들게 된다고 한다. 전자우편의 제목이 '어떻게 해야 매달 실적 맞출 걱정이 없어질까요?'라고 해보자. 의문부호가 있는 만큼 분명히 질문이다. 이 질문을 보면 순간적으로 이런 생각이 들게 된다는 뜻이다. '그러게 어떻게 하면 되는 거지?' 하는 의문이 든다. '알고 싶다'라는 연속적인 반응과 약간의 호기심이 생기고 거기에 부제목에 '사례를 듣고 싶은가요?'라고 되어 있다면 우리의 뇌는 그 순간 이미 '응, 그래 듣고 싶어'라고 대답하게 된다.

벌써 부제목 아래의 본문으로 눈길이 내려가고 있을 것이다. 사람의 뇌에서 이렇게 개방 루프라는 것이 형성되기 시작하면 그것을 다시 닫기 위해서 계속 정보를 찾게 된다고 한다. 이런 두뇌의 신경 언어학적 원리를 마케팅과 세일즈에 활용하는 방법을 연구해보았더니 전자우편의 제목에 질문을 넣고, 부제목에도 질문하는 방법을 실험해 보면서 이러한 방법으로 전자우편의 개봉률이 비약적으로 높아지더라는 것을 경험적으로 알게 됐다.

이렇게 전자우편이 계속 질문을 던지고 읽는 사람의 두뇌가 개방 루프를 닫기 위해서 스스로 정보를 더 원하게 된다. 즉, 우리가 전자우편이라는 세일즈 레터의 내용을 관심 있게 보게 된다는 뜻이다. 신경 언어학적인 해석이 아니더라도 우리는 대화나 말이 끊기는 것을 편안하게 바라보고만 있지는 않게 마련이다. 만약 누군가 이야기를 하다가 명언을 소개했는데 그것을 말한 사람의 이름이 생각나지 않아서 잠시 멈칫하고 있을 때 누군가 먼저 이름을 얘기하는 모습을 본 적이 있을 것이다. 그것이 인간이 공통으로 가진 잠재의식의 표현이라고 한다. 어쨌든 전자우편 본문의 내용도 같은 원리로 질문을 계속 던지면 그것을 접한 사람은 대답을 들으며 개방 루프를 닫기 위해서 즉, 궁금한 것을 해소하기 위해서 계속 읽게 되고 생각하게 된다.

실제로 요즘 많은 인기 강사들이 여러 텔레비전 프로그램에 나와서 강연할 때 그 모습을 유심히 보다 보면 실제로 유능하다고 소문이 난 강사일수록 청중들에게 사소한 질문을 자주 던진다. 청중의 관심을 지속해서 끌 수 있기 때문이다. 그리고 청중들은 그 질문에 스스로 답을 하기 위해서 강연에 더욱 몰입하게 된다. 내 경험을 기준으로 생각해 보면 이런 방법은 별도의 비용을 들이지 않고도 전자우편 마케팅의 답변율을 약 3배 정도 높일 수 있다.

제목과 본문 내용에서 '계속 질문한다'는 것은 이렇게 그것을 받아본 사람이 그것을 계속 읽고 생각하게 만든다는 것이다. 이런 원리는 반드시 전자우편에만 통하는 것이 아니므로 앞으로 멘토 포지셔닝을 구축할 때 사용하는 블로그의 포스트 작성이나 광고 문구, 언론에 기고하는 칼럼의 내용, 세일즈 레터 등에도 적극적으로 사용해 보면 그 효과를 어렵지 않게 알 수 있다.

두 번째, 전자우편에 제품의 특성을 말하지 않고 그 제품을 통해서 고객이 얻을 수 있는 혜택이나 이득을 말하라는 것이다. 판매자의 처지가 아닌 구매자의 입장에서 전자우편을 작성해본다. 진공청소기를 판매하는 사람이 잠재 고객에게 전자우편을 쓴다고 가정해보자. '이 제품은 경쟁사 제품보다 흡입력이 30%나 강하기 때문'이 아니라 '카펫에 숨어 있는 껌도 떼어낼 수 있을 정도입니다'라고 말하라. 고객이 원하는 것이 바로 그것이다.

전자우편에 적고 싶은 내용이 여러 개 있다면 우선 그것들이 내가 말하고 싶은 것인지 아닌지를 곰곰이 생각해본 후, '고객이 가장 좋아할 효과가 무엇일까?'의 순서대로 다시 정리해야 한다. 그렇게 전자우편에 쓸 말들에 대한 정리가 됐다면 첫 번째 목록에 있는 것을 제목이나 본문의 시작에 사용한다. 그게 고객이 가장 크게 느낄 혜택이고 가장 관심 있는 부분이다. 우리는 고객에게 무언가를 파는Selling 것이 아니라 고객이 우리로부터 무언가를 구매Buying하는 것임을 명심해야 한다.

구체적인 예를 한번 들어보겠다. 채무 탕감을 전문적으로 하는 법무사에서 고객 유치를 위해 전자우편을 보낸다면 '우리에게 개인 회생 업무를 맡기시면 최대 채무의 70%까지 줄일 수 있습니다'라고 말하지 말고 '당신의 빚을 최대 70%까지 줄일 수 있는 손쉬운 방법을 알고 싶으신가요?'라고 질문을 던진다. 고객이 우리에게 사고Buying 싶은 것이 바로 그것이다.

체중 감량을 하고 싶은 사람에게는 '약을 먹으면 간편하게 체중 감량을 할 수 있습니다'라고 하지 않고 '헬스클럽에서 땀 흘려야 살이 빠진다고 생각하시나요? 편안하게 체중 감량하는 방법을 원하시나요?'

라고 질문을 던진다. 자녀의 공부 효율을 높여주고 싶은 부모에게 인삼 제품을 팔고 싶다면 '인삼 속 성분이 두뇌 활동을 원활하게 해줍니다'라고 하지 말고 '기억력을 5배 향상하는 간단한 비법을 알고 싶으신가요?'라고 적는다. 이렇게 질문을 통해서 고객의 잠재의식과 대화를 시도하면 깜짝 놀랄 효과가 나타날 것이다.

만남을 위한 통화에서 반드시 기억해야 할 것들
전화

> 목표를 달성하는 방법에 대한 비결이라고 할 만한 것 하나를 소개하면
> 그것은 집중하는 것이다. 목표를 달성하는 사람들은 중요한 것부터 먼저 하고
> 한 번에 한 가지 일만 수행한다.
>
> 피터 드러커

문자나 전자우편 등이 전화통화를 보조하는 역할을 훌륭히 할 수 있다는 사실을 살펴보았다. 하지만 현실적으로는 고객과의 실제 만남을 확정할 수 있게 도와주는 전화 통화의 보조 수단이다. 비즈니스맨과 잠재 고객과 만남이 없는 상태에서 구매라는 최종 결정이 이뤄지기는 어렵다. 따라서 전화 편에서는 목표 고객 설정, 포인트, 로볼, 개입 상품, 레터 등의 수단으로 어느 정도 개입된 고객과 전화할 때와 그렇지 않은 일반적일 때를 대비해서 설명해보겠다.

슈퍼리치 영업의 기술인 신기루의 법칙 전반부를 통해서 영업인의 멘토 포지셔닝을 알고 있고 그것을 인정하고 있는 사람과의 전화는 이미 영업인과 고객의 전통적인 갑을 관계가 역전 상태에 접어든다. 따라서 큰 실수를 저지르지만 않는다면 구매로 이어질 확률이 매우

높다. 지금부터는 주의해야 할 점에 대해 간략하게 설명하겠다.

우선 잠재 고객과의 미팅을 위한 일반적인 전화통화를 살펴보자. 많은 영업인이 전화통화를 막막하게 생각하거나 울렁증을 앓을 정도로 힘들어하는 이유는 전화라는 매개체를 통해서 얻을 수 있는 정보들이 너무나 적다. 전문가들에 따르면 사람과 사람 사이에서 주고받는 커뮤니케이션의 정보 중 말로써 전달되는 것을 약 15% 정도에 지나지 않는다고 말한다.[6] 나머지 85%의 정보가 비언어적인 수단 즉, 손짓, 몸동작, 느낌, 표정 등을 통해서 전달된다.

사람들은 태어나 자라면서부터 다른 사람들과 자연스럽게 대화로 하는 소통을 수도 없이 반복해 왔다. 그래서 실제로 사람을 만나서 이야기를 나누며 대화를 풀어나가는 것에 대해 따로 배우지 않아도 어느 정도는 할 수 있다. 하지만 전화 통화는 거우 15% 정도의 극히 제한적인 정보밖에 접할 수 없는 상태에서 대화를 진행하므로 어려울 수밖에 없다. 체계적인 준비를 하지 않으면 고객과의 대화에서 주도권을 쥐고 흐름을 이끌어 가기가 힘들다. 이런 이유로 '일단 통화하면 어떻게든 되겠지'라는 생각은 막상 고객에게 인사 한마디 꺼내면 눈앞이 깜깜해지고 말문이 막히는 경험을 하게 된다.

그렇다면 어떻게 해야 고객과의 통화에서 효과적인 말을 구사하고 원하고자 하는 바를 얻어낼 수 있을까? 전화통화를 통해서 얻고자 하는 바를 명확하게 결정하는 게 가장 중요하다. 고객에게 전화하는 대부분 이유는 미팅 약속을 확인하기 위해서라고 할 수 있다. 그렇다면 상담과 관련된 사안들에 집중하는 것이 효과적이다.

단, 반드시 주의해야 할 포인트는 판매하려고 하는 제품에 관해서는 말하지 않아야 한다는 점이다. 영업인들이 어떻게든 말하고 싶어서 안달하는 가장 중요하게 여기는 2가지가 바로 제품이나 상품에 대한 설명과 가격이다. 하지만 고객의 처지에서 생각해 본다면 왜 이 2가지 것들을 말하면 안 되는지를 짐작할 수 있다.

고객은 처음 보는 비즈니스맨과 만나는 자리이다. 전화 통화를 했다고는 하지만 낯선 사람의 방문이 마냥 편하고 즐거울 리는 없지 않을까? 그런데 만나서 인사를 나누고는 얼마 지나지 않아 제품이 얼마나 좋다거나 이번에 사지 않으면 아까운 기회가 달아난다고 이야기한다면 그나마 있던 관심도 싹 사라져 버리지 않을까? 어차피 알고는 있지만, 그 의도가 너무 빤하게 드러난다. 고객으로서 존중받는 것이 아니라 '어떻게든 팔아넘기려고 혈안인 사람'으로 받아들여지는 것은 당연하지 않을까?

따라서 아무리 제품에 관해서 설명하고 싶은 마음이 굴뚝같고 가격과 조건이 얼마나 훌륭한지를 설명하고 싶어도 참아야 한다. 때가 아니다. 제품이나 상품에 대한 설명은 만나서 고객의 니즈Needs를 충분히 끌어올린 후에 해야 하고, 가격은 계약서를 작성하기 직전, 충분

---

6) https://www.youtube.com/watch?v=CDe4MIQhNxU

히 제품과 상품에 대한 장점을 고객이 느낀 상태에서 알려주는 것이 가장 효과적이다. 이미 사려고 마음먹은 사람에게 가격을 알려주는 것이 좋다. 여기서 신기루의 법칙의 나머지 부분에서 가장 중요한 것 중 하나라고 말할 수 있는 개입 질문도 차차 살펴보겠다.

어쨌든 상담 약속을 확정하기 위한 전화 통화를 보다 효율적으로 가져가기 위해서는 꼭 해야 하는 말을 빼놓지 않는 것이다. 아래의 도표에 적힌 8가지를 항목별로 설명해보겠다.

탁월한 효과를 부르는 통화 멘트에 꼭 필요한 내용
1 간단한 인사말
2 고객 이름을 확인하는 작업을 통해 스팸이 아님을 알리기
3 고객이 먼저 요청해서 전화했음을 인식시키기
4 잠깐 통화가 가능한지에 대한 확답받기
5 적당한 페이싱
6 질문에 대한 동의 받기
7 개입질문 시작(다음의 개입질문 편 참조)
8 비교, 가정, 분해, 전제, 격려, 유도 등 6단계로 상담 날짜 확정

'과유불급' 통화에서 이 정도만 해도 충분하다

첫 번째 항목은 인사이다. "반갑습니다, 안녕하세요"와 같은 일반적인 것이어도 되고 상황에 맞게 날씨 얘기와 같은 것으로 대체해도 무방하다. 다만 절대로 과하게 굽실거리고 비위라도 맞춰주려는 것처럼 가벼운 목소리로 인사를 건네지 않도록 주의한다. 통화로 확인하려는 상담에서 영업인이 주도권을 쥐고 이끌어 나가야 하기 때문이다. 우선은 당당하게 인사하라는 것만 명심하자.

두 번째 항목은 고객의 이름을 말하는 것이다. 인사를 제외하면 전화 통화에서 가장 먼저 해야 하는 것이 바로 이름을 부르는 것인데 이것으로 영업인의 전화가 단순한 스팸 전화가 아니라는 사실을 고객들에게 알려준다. 만약 당신이 전화를 받았는데 다짜고짜 '안녕하세요. 고객님'이라고 해보자. 뭐라 대답을 할까? 아마 '안 사요'라고 그냥 끊어버릴 것이다. 이름을 부른다는 것은 최소한 전화를 받는 상대방을 정확하게 알고 한 전화라는 사실을 알려주는 절차이다.

세 번째 항목이 중요한데 비록 갑과 을의 통화이기는 하지만 전적으로 갑의 요청으로서 이루어진 전화라고 알림으로써 기선을 어느 정도 제압하는 효과를 얻는다. 하루에도 여러 통의 전화를 하는 요즘 사람들이지만 '당신이 전화해달라고 요청해서 전화를 걸었다'라는 것을 알려주면 자기도 모르게 '아, 네'라고 긴장한다. 이 부분은 하나의 문장으로 짧게 끝낼 수도 있고 여러 문장을 통해서 계속 언급할 수도 있다. 전적으로 통화가 진행되는 분위기와 상황에 따라서 신축적으로 적용하면 되지만 요청에 따라 이루어졌다고 하고 넘어가야 한다.

부드럽지만 단호하게 말한다.

네 번째 항목은 일종의 완급을 조절하기 위해서 한다. 아무리 고객이 통화를 원했다고는 하지만 전화를 받는 그 순간, 통화가 곤란한 상황일 수도 있으므로 '통화가 가능하시나요?'고 물어보는 것이 예의일 뿐만 아니라 상담 효과를 높이기 위해서도 좋다. 상사가 보고하라고 재촉하는 상황인데 거기에다 대고 통화를 하자고 할 수는 없는 노릇이다. 또 이렇게 미리 통화 가능 여부를 확인해 두어야만 통화가 좀 길어지더라도 문제가 되지 않는다.

다섯 번째 항목인 페이싱Pacing은 뒤에서도 자세하게 다뤄질 내용인데 페이스Pace라는 단어의 뜻처럼, 통화의 전반적인 분위기Pace를 영업인이 주도해 나가기 위한 것이다. 고객에게 '통화가 가능하다'는 답을 들었다면 그 분위기를 몰아서 질문을 할 것도 동의를 구해야 한다. 그것이 적당한 페이싱의 역할이다. 자연스럽게 고객에게 몇 가지 질문을 할 것이라는 은연중에 이야기하고 그에 대한 동의를 슬그머니 끌어낸다. 이렇게 해야 뒤에서 '관심 없는데요'라는 반응이 나올 때 대처할 수 있는 근거가 생기게 된다.

여섯 번째 항목은 질문에 대한 동의이다. 이는 곧이어 나오게 되는 개입 질문에 고객을 참여시키는 데 필요한 동의를 구하는 절차다. 먼저 고객이 스스로 동의 의사를 밝히지 않으면 통화 시간이 길어지는 경우 고객의 거부감이 생기게 되고 일방적으로 "죄송합니다. 바빠서요"라는 말과 함께 전화를 끊어버리는 불상사가 일어날 수 있다. 그것을 최대한 미리 방지하기 위해서 밟아야 하는 절차다.

일곱 번째 항목인 개입 질문GPS Question은 슈퍼리치 영업의 기술인 신기루의 법칙이 구매 결정이라는 최종적인 결과를 낳기 위해서 거쳐야 하는 막바지 고비라고 볼 수 있다. 이것을 통해서 고객은 영업인이 말하고 있는 제품, 상품, 서비스 등에 대한 욕구를 스스로 느낀다. 일종의 유도 질문인 개입 질문을 통해서 고객은 자신이 느끼지 못하고 있던 문제점들을 해결하고자 우리를 만나고 싶어 하게 된다.

마지막 여덟 번째 항목인 비교, 가정, 분해, 전제, 격려, 유도는 전화 통화의 최종 목적인 상담 약속을 확정하기 위한 어휘 구사 방법이다.

이것으로 고객과의 상담 약속을 확인하기 위한 전화통화에서 반드시 빠뜨려서는 안 되는 사항 8가지를 간략하게 살펴봤다. '이걸 어떻게 일일이 다 기억하나?'라는 생각이 들 수도 있겠지만, 가상의 사례를 읽고 원리를 이해하면 그리 어려운 일이 아니다. 이러한 8가지 사항에 대해 미리 준비하지 않고 통화를 하는 경우와 대비를 한 경우를 나누어서 살펴보자. 먼저 따로 통화에 대해 준비를 하지 않은 경우이다.

영업인: 안녕하세요? 김선자 고객님이세요?

고객: 네, 그런데 누구세요?

영업인: 예~ 여기는 알파 식품입니다.

고객: 어디라고요?

영업인: 알. 파. 식. 품. 입니다.

고객: 그게 어딘데요?

영업인: 건강과 노화 예방에 아주 좋은 상황버섯을 발효시켜 만든 제품을 만들고 있는….

고객: 죄송해요. 안 사요. 딸깍….

고객에게 전화를 걸어서 영업을 시도하는 경우가 대부분 이렇게 진행되다 허무하게 끝이 나고 말 것이다. 전화를 받는 고객들이 자기가 이벤트에 참여 신청을 했더라도 그것을 제대로 기억하고 있을 가능성이 적을 뿐만 아니라 이벤트를 주최한 회사의 이름이나 주력 판매 상품까지 기억하고 있을 리가 만무하다. 그럼 이제 앞서 살펴본 8가지 항목을 염두에 두고 준비한 문장으로 진행하는 전화통화는 어떤 것인지 예로 들어보자.

영업인: 안녕하세요? 김선자 고객님 맞으시지요? 지난 월요일에 무료 체험 이벤트 신청하셔서 연락드렸습니다. 발효 상황버섯 체험 이벤트에 신청하신 것 당첨되셨는데 그때 이벤트 신청하신 것 맞으시지요?

고객: 아 … 네.

영업인: 요즘 날씨가 갑자기 차가워져서 감기 걸리기 딱 좋은데 건강은 괜찮으신지 그리고 잠깐 전화 통화 가능하시지요?

고객: 네….

영업인: 네~ 그래도 우리 김선자 고객님께서 저희 제품 무료 체험하시면서 이왕이면 아침에 쾌변할 수도 있고 노화 예방 효과까지 있으면 더 낫잖아요 ~ 그죠?

고객: 당연하죠.

영업인: 사람에 따라서 변비에 먼저 효과 보시는 분도 계시고, 다이어트 효과가 먼저 나오시는 분도 계시고 하거든요. 어차피 체험해 보는 것 잘 드셔 보시고 만족하면서 정말 효과도 좋고 하면 나중에라도 또다시 저희 찾아 주실 수도 있고 그런 거잖아요?

고객: 예, 그렇긴 하죠.

영업인: 그래서 우리 선자 고객님께 체험 기간에 더 도와드릴 수 있는 것들에 대해서 더 챙겨드리려고 연락드린 거예요. 일단 제가 우리 선자 고객님이 효과를 더 잘 보려면 좀 알아야 하니까 몇 가지 여쭤볼게요. 대답 잘 해주셔야 해요. 아시겠죠?

고객: 예.

영업인: (개입 질문 등장과 마무리)

이런 흐름으로 통화를 끌고 가다 마무리를 지으면 된다. 이렇게 전화 통화의 전체적인 흐름을 미리 머릿속에 담아둔 다음 그것에 맞게 이끌고 가면 쉽게 진행할 수 있다. 그리고 사람의 대화라는 것이 미리 생각해 놓은 대로 진행되지는 않기 때문에 고객이 새롭게 제기하는 질문이나 상황은 적절하게 대처하면서 다시 흐름을 이어가면 된다.

눈여겨봐야 할 점은 아래의 사례에서 영업인이 중간중간 계속 확인하고 있다는 점이다. 이벤트 당첨이 돼서 전화한 것이지만 그것을 직접 한 것이 맞느냐고 자연스럽게 질문한다. 그리고 곧이어 나올 개입 질문을 위해서 은근슬쩍 양해를 구하고 추가적인 정보를 고객 스스로 말할 수 있게 대화의 흐름을 주도해 보자.

만약 성공의 비결이란 것이 있다고 하면
그것은 타인의 관점을 잘 포착하여 자신의 처지에서
사물을 볼 줄 아는 재능이다.

헨리 포드

CHAPTER 2

슈퍼리치 세일즈
실전 상담

꽤 오랫동안 럭키 치약만 있었는데 지금은 치약 이름 기억하는 것도 힘들 정도로 종류가 많다. 그리 오래전의 일도 아니지만 컬러텔레비전이 부의 상징이던 때가 있었다. 하지만 지금은 방마다 텔레비전이 있거나 휴대폰으로도 언제든지 방송 시청이 가능한 시대이다.

우리가 사는 지금 이 시대의 중요한 특징이다. 뭐든 많다는 것이다. 당장 동네 앞 마트에만 가더라도 내가 사려고 했던 물건이 비싼 것부터 싼 것까지 여러 종류가 있다. 소비자들의 선택권이 그만큼 넓어져서 결국 영업인들이 예전처럼 세일즈 하기가 쉽지 않다. 그렇다 보니 자연스럽게 선택을 부추기는 이런저런 아이디어를 도입했고 마냥 싸게만 줄 수는 없는지라 서비스를 강조하고 '고객은 왕이다'라는 말로 극진히 대하게 됐다.

그런데 이렇게 변해버린 시대 상황에 맞추다 보니 정작 생각하지 못했던 결과가 나타나기 시작했다. 정말로 고객은 왕이고 비즈니스맨은 신하, 서비스맨으로 전락해버렸다. 사람이 아니라 물건에도 극존칭의 말을 쓰는 요즘의 판매 현장을 텔레비전 등에서도 가끔 얘기하곤 한다. '치수가 없으세요. 품절입니다. 고장 나시면 환급해 드려요' 같은 엉터리 높임말의 문제를 지적하게 된 것도 따지고 보면 그런데 원인이 있다.

고객이 절대 우위의 위치에 서고, 비즈니스맨들이 완벽한 을의 위치가 되어 버린 것이다. 그러다 보니 고객의 행동 하나하나에 신경 쓰고, 말 한마디에 지나치다 싶을 정도로 반응하곤 한다. '고객 제일주의'를 외치는 회사가 어디 한두 군데인가?

무작정 문을 두드리고 들어가 영업을 시도하는 경우에도 그렇다. 물론 따지고 보면 민폐라고 할 수 있는 행위인 것은 맞다. 하지만 이미 여러 차례 겪었던 차가운 거절을 예상이라도 하는 것처럼 잔뜩 움츠린 자세로 "저~ 실례지만…"으로 말을 꺼내는 게 습관으로 굳어져 버렸다.

내가 교육을 받으러 온 다양한 사연의 사람들을 보면 눈동자이든지 몸에 스며든 자세이든지 이렇게 여러 차례 고객과 만남에서 받았던 을의 모습이 스며들어있다. 내가 난데없는 구호를 외치게 하고, 커다란 응원 동작을 강제로 시키는 이유도 거기에 있다. 내가 자신을 귀하게 존중하지 않으면 남은 절대로 나를 존중해주지 않는다. 존중하지 않는 사람에게서 누가 지갑을 열어 구매하겠는가. 절대로 그렇지 않다.

재미있는 얘기를 하나 해보자. 지인 중에 좋은 취지로 성금을 모집하는 사람이 있다. 한 번은 소개를 통해서 유명한 대기업 CEO를 만나서 100만 원의 성금을 요청했는데 단박에 거절하더란다. 어쩔 수 없이 머쓱한 마음으로 뒤돌아 나왔지만, 며칠 지나지 않아서 다른 사람이 그에게서 1억 원의 자선기금을 기부로 받았다는 얘기를 듣고 화가 치밀었다고 했다.

왜 이런 일이 일어났을까? 한번 곰곰이 생각해볼 문제다. 그 CEO에게는 100만 원은 결코 큰돈이 아니었다. 마음먹으면 1억 원도 선뜻 성금으로 낼 정도의 능력이 있는 사람이었다. 그래서 '아~ 나를 너무 작게 봐서 100만 원을 거절한 거구나'라고 생각할 수도 있다.

하지만 우리가 살펴야 할 점은 그게 아니라 우리의 자세다. 100만 원을 받든 1억 원의 성금을 얻든 결국 그 돈이 우리의 주머니로 들어가는 것이 아니다. 좋은 취지로 하는 것인데 내가 위축될 일이 무엇이 있다는 말인가? 틀림없이 전자의 지인은 잔뜩 움츠리고 어렵게 부탁하는 표정과 자세로 말을 했을 것이다. '저… 저희가 이번에 이렇게 좋은 취지로 성금을 모으고 있는데요…' 가뜩이나 바쁜 CEO들이 귀담아들을 만한 주제가 아니었다.

반면 후자는 아마도 '1억 원 정도 성금으로 내시죠. 참 좋은 취지이니까 말입니다'라고 자신 있게 얘기했을 것이다. 같은 내용도 어떤 형식과 자세로 전달되느냐에 따라서 그 결과가 전혀 달라질 수 있다. 고객은 존중받아 마땅하지만, 결코 왕이거나 절대 갑은 아니다. 우리가 제공하는 제품이나 서비스를 통해서 그들도 충분히 이득을 보고 있다. 그렇지 않을까? 자기 자신에게 낸 돈보다 더 큰 가치나 혜택을 보지 못한다면 무엇 때문에 고객들이 그것을 구매하겠는가. 대신 우리가 '다른 영업인과 다른 무언가'가 있다는 것을 고객들이 인정할 수 있도록 고객의 욕구에 맞는 정보나 서비스를 먼저 제공해야 한다. 그리고 구매 시점에 이르러서는 돈을 쓴 것이 아깝지 않도록 합당한 아이템과 서비스를 제공하면 된다.

따라서 결국 성공적인 세일즈는 말 그대로 윈윈 게임Win-Win Game, 상

^호 승리 게임이다. 나도 고객의 구매행위로 인해 성과급을 받지만, 그들도 우리를 통해서 충분한 혜택을 보는 관계이다. 여기에서부터 고객과 실제 만남이 시작되어야 한다. 알파^α 테크닉이라는 이유가 거기에 있다. 내가 이미 고객으로부터 전문가로서 대우받고 있고 나를 통해서 충분한 이익을 얻을 수 있다는 것을 알게 됐다면 뭣 하러 고객을 왕으로 떠받들어야 한다는 말인가. 고객과 만남에서 내가 알파가 된다는 것은 결코 불가능한 일이 아니다.

당당한 만남이 매출의 반을 좌우한다
첫 만남

바람과 파도는 항상
가장 유능한 항해자의 편에 선다.
에드워드 기본

．
．
．

알파 테크닉이라는 것은 타인과의 관계에서 우월적인 입장 즉, 알파의 위치에 있을 수 있도록 하는 몇 가지 방법론이다. 이는 고객과 만남 등에서도 효과를 볼 수 있으므로 미리 충분한 연습을 통해서 몸에 익혀둔다. 이를테면 '동작을 크고 완만하게 하라' '공간 점유를 크게 하라'는 것이 알파 테크닉이다. 이러한 동작을 통해서 을의 위치인 비즈니스맨을 마치 갑의 위치처럼 느껴지도록 만들 수 있다. 고객과 만남의 첫 순간을 어떻게 주도하느냐에 따라서 갑을 관계는 어느 정도 역전하는 것이 실제로도 가능하다.

다음 페이지의 그림은 이명박 대통령과 미국 오바마 대통령의 사진인데 잘 살펴보면 왼쪽의 것은 백악관이 무대이고, 오른쪽은 청와대에서 찍은 것이다. 그런데 어느 쪽이 알파처럼 보이는지 생각해보

누가 알파처럼 보이는가

시기 바란다. 양쪽 사진 모두 환히 웃고 있는 표정과 굳게 잡은 오른손과는 달리 오바마 대통령의 왼손이 향해 있는 곳에 주목해보자. 양쪽 사진 모두 상대방의 어깨에 손이 올라가 있다는 것을 볼 수 있다. 상대방의 어깨에 손을 올린다는 것은 매우 친밀한 관계라는 뜻이기도 하지만 한편으로는 그 관계가 마냥 평등하지만은 않다는 것을 암시하기도 한다.

그러나 제아무리 '나를 이미 전문가로 생각하고 있어. 내가 갑이야' 라고 자기 다짐을 하더라도 그게 원하는 대로 몸짓과 표정, 자세로 나오기는 쉽지 않은 것은 어쩔 수 없다. 이런 경우에 활용할 수 있는 방법 하나를 소개한다. 하버드 경영대학원의 에이미 커디^{Amy Cuddy} 교수가 테드^{TED, Technology, Entertainment and Design, 미국의 비영리 재단에서 운영하는 강연회} 강연해서 했던 내용[7]인데 2분 정도 자신감 있는 자세를 취하는 것만으로도 사람의 심리가 훨씬 자신감 있게 바뀔 수 있다는 것이다.

커디 교수가 말하는 그러한 자신감 있는 자세 중 하나가 바로 원더 우먼 자세로 예전 미국의 인기 드라마 원더우먼의 주인공이 악당을 물리치고 나면 습관처럼 취하는 자세를 말한다. 시선을 정면으로 두고 꼿꼿하게 서서 양손을 허리에 올리는 자세를 말한다. 옆의 그림에 있는 두 사람의 관계가 어떤 것인지 쉽게 짐작할 수 있는 이유도 바로 두 사람이 취하고 있는 자세 때문인데 두 사람 중 어느 쪽이 우월한 입장일까?

아래의 그림은 지난 2012년 그리스 구제금융 사태 때의 모습으로 왼쪽의 카리스마 넘치는 여성은 크리스틴 라가르드 IMF 총재이고 다소 곳이 손을 모으고 있는 왼쪽의 남자는 구제 금융을 받아야 하는 처지 그러니까 IMF에서 돈을 빌려야 하는 절박한 상황의 루카스 파파 디모스 그리스 총리이다.

IMF 총재처럼 원더우먼 자세를 2분 정도만 하고 있으면 사람의 심리가 마치 원더우먼이 된 것과 같은 자신감 있는 상태로 임할 수 있다는 것이 사실이라 면, 고객과 만남 직전에 화장실에서 이

확연한 두 사람의 관계

7) https://www.youtube.com/watch?v=CDe4MIQhNxU

런 원더우먼 자세를 2분가량 취해보면 어떨까? '이건 고객에게도 도움이 되는 기회야. 나를 만난 게 고객에게도 도움이 되니까 말이야. 자신감을 느끼자.' 이렇듯 자기암시를 하는 것도 좋은 방법이 될 수 있을 것이다.

듣다 보면 빠져드는 멘트의 함정
로그인

> 인생에 있는 큰 비밀은 큰 비밀 따위는 없다는 것이다.
> 당신의 목표가 무엇이든 열심히 할 의지가 있다면 달성할 수 있다.
> 오프라 윈프리

.
.
.

원더우먼 자세를 2분 정도 취하는 등의 방법으로 고객과 만남에서 미리부터 위축되는 마음을 어느 정도 다스렸다면 이제 문을 열고 들어가 고객을 만날 때이다. 잊지 마시라. 알파 테크닉. 절대로 만나 주셔서 너무나 감사하여 굽실거리는 자세나 초조해서 얼른 자리에 앉으려고 허둥대는 모습을 보이면 안 된다. 동작은 크게, 천천히, 완만하게, 말은 원래 하려는 순간에서 4분의 1 박자 정도 늦게 입을 떼라.

만남의 결정적인 순간으로 들어가 보자. 첫 만남에서는 정확한 목적을 이루어 내는 것이 무엇보다 중요하다. 그 목적이 바로 고객의 동의를 얻어내는 것이다. 앞으로 상담 동안 하고 싶은 말들을 고객 스스로 듣고 싶다는 전제조건이 필요하다.

개입 질문에서는 고객의 동의를 얻는다. 첫 만남의 어색함을 깨뜨리기 위해 흔히 사용하는 칭찬이나 공통의 관심사, 취미, 날씨 등에 대해 가벼운 잡담을 하면서 대화를 나누는 목적을 명확히 하며 진행해야만 한다. 쓸데없는 소리를 늘어놓다가 만남을 끝내서는 안 되며 내가 하고 싶은 말만 늘어놓다가는 아무런 성과도 얻지 못할 것이다.

첫 만남이 중요한 만큼 정확한 목적을 염두에 두고 마음을 열고 집중하여 고객과 진지한 대화를 나누어야만 한다. 이것을 로그인Log In 이라는 익숙한 컴퓨터 용어에 빗대어 설명한다. 이 로그인 과정은 곧이어 내가 고객에게 하고 싶은 개입 질문에 대한 동의를 자연스럽게 얻는 것을 말한다. 고객과 만남이 성과를 얻을 수 있느냐 없느냐는 개입 질문을 던질 수 있느냐 아니냐에 달려있다 해도 과언은 아니다. 개입 질문을 통해서 아직 열려있지 않은 고객의 마음이 어느샌가 자연스럽게 우리를 향해 열린다.

예스를 말하게 되는 유도법
페이싱과 리딩

과거를 지배하는 자가 미래를 지배하며,
현재를 지배하는 자가 과거를 지배한다.
조지 오웰

로그인 과정을 통해서 고객이 우리의 말에 어느 정도 냉랭하지 않은 반응을 보이기 시작했다면 본격적으로 대화의 흐름을 우리의 계획대로 주도해 나가야 한다. 이런 상황에서 효과적인 방법이 바로 페이싱Pacing, 리딩Leaing이다. 이 2가지는 거의 하나의 묶음으로 사용되어야 하므로 나는 이를 페이싱과 리딩 세트라고 부른다.

고객에게서 구매 결정이라는 최종적인 결과Yes를 얻기 위해서는 고객들이 가진 현재 상황에 대한 동의Yes로부터 시작해서 점차 큰 동의를 하는 것으로 대화의 흐름이 자연스럽게 이어져야만 한다.

페이싱과 리딩 세트는 누가 보더라도 명확한 진실이나 진리, 참, 상대방이 의심 없이 믿고 있는 것이나 소망하는 것, 부정할 수 없는 사실 같은 문장 사이에 내가 말하고자 하는 것, 고객이 미처 인식하지 못하는 사이 일정한 지시를 하는 문장을 슬그머니 집어넣어 '예, 그렇지요. 뭐'라는 고객의 동의를 하나씩 끌어내는 것을 말한다. 이 페이싱과 리딩 세트를 잘 구사하게 되면 고객의 마음은 부지불식간에 조금씩 우리가 하는 말에 '그렇죠, 물론이죠'라고 동의하게 된다.

페이싱과 리딩 세트에 대한 이해를 돕기 위해 하나의 예를 들어보도록 하자. 어렸을 적 친구들과 '쌀보리'라는 놀이를 몇 번쯤은 해 보셨을 것이다. 친구의 벌린 양손에 쌀, 보리를 외치면서 주먹을 넣었다 빼는 놀이다. 그런데 이 놀이가 언제 쌀을 외칠지 모르기 때문에 잔뜩 긴장하면서도 대부분은 쌀이라고 외치는 손을 잡아채지 못해서 재미있다. '보리 쌀 보리, 보리 보리 보리 보리 쌀' 이런 식으로 상대방의 의도에 속수무책으로 끌려다니게 된다.

페이싱과 리딩 세트의 역할이 바로 이런 쌀보리 놀이와 비슷한 맥락이다. 시내의 한 여대 앞에서 여대생들을 대상으로 설문조사를 하려던 교육생이 실제로 했던 대화를 통해서 페이싱과 리딩 세트의 예를 들어보겠다. 작은 선물을 주면서 학생들의 의견을 물어보고 설문조사를 받는 상황이었다.

▶ 아~ 안녕하세요? OO 여대 다니시나 봐요? (페이싱)

▶ 공강 시간이신가 봐요? (페이싱)

▶ 지금 어디 가시는 길이죠? (페이싱)

▶ (선물을 손에 쥐여주며) 가시는 길에 이 선물 하나 받고 가세요. (리딩)

▶ 지금 설문조사를 좀 하면서 참여하시는 분들께는 더 좋은 선물을 드리거든 요? (페이싱)

▶ 이왕 선물 받는 데 1,000원짜리보다 10,000원짜리가 더 낫잖아요? (페이싱)

▶ 그렇게 많이 바쁘신 건 아니시죠? (리딩)

▶ 잘 됐네요. 잠시 오셔서 선물 받으시고 빨리 설문 하나 작성해주세요. (리딩)

    여기서 페이싱은 좀 전에 말한 것처럼 사람들이 부인하기 힘든 사실이나 진실이라는 것을 알 수 있다. 당연히 OO 여대 캠퍼스 앞에서 지나가는 학생을 붙잡고 물어본 것이니 그 학교 학생이 아닐 확률이 얼마나 될까. 당연한 얘기지만 그것을 굳이 하는 이유는 듣는 사람에게서 작은 수준의 동의Yes를 얻어내기 위해서다. 공강 시간이 아닌데 어디를 바삐 갈 리도 없을 테고, 당연히 어디에 가고 있는 길이다. 너무나 뻔한 말이라 아니오라고 대답을 할 수 없는 질문을 일부러 던지는 것이다. 말을 건넨 사람에게 예Yes, 예Yes, 예Yes라고 말을 하도록 유도하고 있다는 것이다.

    이렇게 사람들로부터 작은 예Yes를 한두 번 받아내기 시작하면 정작 하고자 하는 목적리딩의 질문에서 아니오라고 말하기가 힘들어진다. 일종의 관성의 법칙이라고 할까? 조금 전까지 '그래요. 맞아요. 예'라고 했던 사람은 곧장 '아니오'라고 말하기가 쉽지 않다. 사람은 누구나 자기 자신의 말을 번복하거나 뒤집으려 하지 않는 습성이 있다.

    지나가는 학생을 붙잡고 하려던 목적은 설문을 받는 것이었고 그것을 위해서 '작은 선물'을 주겠다는 것이었다. 이것을 위해서 당연하고 뻔한 문장(페이싱)에 하려고 하는 목적인 리딩을 섞어 놓은 것이다. 만약 이렇게 적당한 페이싱이 없었다면 어떻게 됐을까?

설문 조사 써주시면 선물 드려요.

됐어요. 관심 없어요.

이런 상황이 발생하지 않았을까? 리딩 어구 그러니까 상대방에게 지시하고 싶은 것, 의도하고 싶은 것이 있다면 그 앞뒤로 페이싱 어구를 깔아놓는 것이 효과적이다. '쌀!'을 외치기 위해서 한참을 '보리 보리'를 외치는 것과 같다. 이 페이싱과 리딩 세트는 앞에서도 언급했던 신경 언어학 프로그래밍에서 요령을 얻어 영업과 세일즈 현장에 도입하여 상당한 효과가 있음을 확인한 후에 개인적으로 더욱 발전시켜 교육과정에 넣었다. 개입 질문이나 페이싱과 리딩 세트에 관심이 많은 분들은 나의 저서 《영업의 정석》을 참조하면 도움이 될 것이다.

4

고객 마음에 궁금증을 남겨 놓는 법
백신

성공하려는 본인의 의지가
다른 어떤 것보다 중요하다.
에이브러햄 링컨

개입 질문은 앞장에서 여러 차례 설명됐던 슈퍼리치 영업의 기술인 신기루의 법칙의 중요한 요소인 개입 상품과 같은 맥락이다. 어떤 질문을 통해 답변한 상대방이 스스로 대화에 참여하고 개입하도록 자연스럽게 이끌고 결국에는 '당장 필요한 것이구나'라고 생각하게 하는 것이 바로 개입 질문이다.

지금까지 예로 들고 있는 세일즈 상담에서의 개입 질문은 비즈니스맨이 판매하고자 하는 제품을 고객이 갖고 있지 않았을 때의 문제점을 스스로 생각하고 그것이 알고 보니 큰 문제였다고 유도했다. 그리고 이 제품을 구매함으로써 새삼 깨닫게 된 문제점들이 얼마나 쉽사리 해결될 수 있고 그로 인해 얼마나 긍정적인 결과가 나올 수 있는지를 느낄 수 있게 해 주었다.

필자를 생리대 파는 총각 사장이라는 화제의 인물로 만들어 주었던 시절의 한 일화를 통해서 개입 질문이 어떠한 역할을 하게 되는지 살펴보자. 편의상 A는 면 생리대를 판매하려는 나, B는 잘 나가는 대기업 전문직 여성이다. 분량상 앞뒤 내용은 생략한다.

A: 그렇다면 생리통이 심하신 건가요? (상황 파악 질문)

B: 조금이요. 그런데 아주 아파서 고생할 정도는 아닙니다.

A: 그럼 생리통 때문에 어떤 점이 번거로우셨나요? (상황 파악 질문)

B: 가끔 약을 먹어야 할 때도 있고 어쩌다가 웅크리고 있을 때도 있고요.

A: 그러다가 업무에 지장이 있기도 했겠군요? 시간 낭비도 좀 생겼을 테고요. (문제 파악 질문)

B: 어쩔때는요.

A: 만약 그날에 통증이 전혀 없다면 업무 효율에 도움이 좀 될 수 있을까요? (해결 파악 질문)

B: 아무래도 그렇겠죠?

A: 업무 효율이 올라가면 어떤 좋은 점이 있으신가요? (해결 파악 질문)

B: 일단 인사고과에도 도움이 되겠죠? 만족감도 있을 거고요.

A: 그리고 그 이외에도 생리통이 없어지면 득이 될 만한 게 어떤 게 있을까요?

B: 일단 편하지요. 한의원 가서 청궁탕인가를 지어먹기도 했고 심할 때는 산부인과도 갔었으니까요. 돈도 돈이지만 시간도 많이 빼앗겼거든요.

A: 병원이나 한의원은 안 가시는 게 당연히 좋으시겠군요?

B: 그럼요. 안 가는 게 당연히 좋죠. 안 그래도 할 일도 많고 그런데요.

A: 자~ 그러니까 우리 고객님께서는 현재 생리통으로 고생하고 계시고, 그 때문에 시간적인 낭비가 있어 업무효율에 지장이 생기는 게 불만이라면 불만이신 거로군요. 그래서 그걸 어떻게든 개선해 보고 싶으셔서 한약도 드시고 병원에도 다니셨고요. 생리통을 해결하려고 하시는 거잖습니까? 제 말이 맞지요?

B: 네. 맞습니다.

A: 그로 인해서 여러 가지 회사 내의 일 처리나 시간 관리 등 다양하게 신경 쓸 일이 생기지만 약 먹는 것 외에는 마땅한 대처는 못 하고 계셨던 것이 잖습니까?

B: 듣고 보니 그냥 넘길 문제는 아닌 것 같네요.

아주 똑똑한 전문직 여성이었다. 아직도 기억이 생생한 이 날의 상담은 이렇게 한동안 계속됐다. 그 일부만을 발췌해 놓은 대화 속에서 무엇이 눈에 띨까? 우선 A는 거의 모든 말을 의문형으로 끝내고 있다. 이건 자연스럽게 B의 대답을 유도하기 위한 목적이 깔렸다. 고객과의 상담 중 말이 끊어져 어떻게 이어야 할지 난감했던 기억이 있으신 분들이라면 무슨 말인지 금세 알아차릴 것이다. 이렇게 계속되는 질문 속에서 B는 조금씩 자신의 상황을 되짚어 보면서 A의 의도에 개입하고 있다. 결국 '듣고 보니 그냥 넘길 문제는 아닌 것 같네요'라는 결론에까지 이르렀다.

이렇게 개입 질문은 영업인이 하는 비장의 발언이나 현란한 말솜 씨에 의해서가 아니라 듣는 이의 현재 상태와 문제 해결 노력 등을 위 한 질문에 고객이 대답하다가 '별문제가 없는 것이 아니었구나' 하는 사실을 깨닫게 한다. 이렇게 개입 질문을 통해서 영업인과 만남에서 '무슨 말을 하든 절대 살 생각이 없어'라며 마음의 문을 굳게 닫아두었 던 사람들도 '아, 문제가 좀 있었던 거구나' 하며 문의 빗장을 슬그머 니 열게 된다. 여기에서 더 나아가게 되면 '이 사람이 하는 얘기가 맞 는 걸까? 그럴듯한데?'라는 단계를 지나서 '당장 구매해야겠는데'까지 발전할 수 있다. 잘 만들어진 개입 질문이 어떤 효과가 있는지를 위의 대화를 보면 조금이나마 짐작할 수 있다.

이렇게 개입 질문에는 상황 파악^{Grasping Question}을 위한 질문과 문 제 파악^{Problem Question}, 해결 파악^{Solution Question} 질문이 있다. 굳이 개 입 질문의 성격을 하나하나 분석할 필요까지는 없지만 어떤 역할을 하는지 알아두어야 한다. 개입 질문은 고객 스스로가 뒤에서 이어질 우리의 제안에 대해 궁금해하고 그것을 자발적으로 듣고 싶어 하게 끔 해준다. 슈퍼리치로 향하는 신기루의 법칙이 누구에게나 성공을 보장할 수 있는 실천론이며 방법론이라고 하는 이유는 이런 개입 질 문과 같은 효과적인 해결책이 포함되어 있기 때문이다.

개입 질문은 세일즈 프로세스의 중요한 요소이다. 개입 질문을 받 은 고객은 별로 크게 느끼지 않았던 필요성을 다시 생각한다. 고객의

괜찮네

약간 불만족스럽군

무언가 문제가 있는 것 같아

당장 바꾸도록 해야겠어

잠재 니즈가 현재 니스로 바뀔 수 있다

마음속에 머물러있던 잠재 욕구는 이렇게 개입 질문을 통해서 당장 필요한 것이라는 현재 욕구로 발전한다. 타인이 보았을 때는 당장 필요하지만 정작 당사자는 그 사실을 모르고 있는 경우가 흔하다. 이런 상황에 있는 사람에게 필요성, 중요성, 시급함을 일깨워줌으로써 구매라는 최종 단계에 성공적으로 이른다. 위의 그림은 개입 질문으로 인해 어떻게 고객의 심리상태가 변화하는지에 대한 내용이다.

이렇듯 고객은 어떻게 질문하느냐에 따라 굉장히 적극적인 구매의사를 가지게 된다는 것을 기억해야 한다.

5

감정에 호소하는 멘트의 핵심
치료

사람들이 그들의 가장 바람직한 모습이 될 수 있도록 도와주어라.
그리고 그들이 가장 바람직한 모습이 된 것처럼 대하라.
요한 볼프강 폰 괴테

개입 질문에서 고객의 현재 상황에 대한 질문은 많이 하지 않도록 유의한다. '이 사람 왜 이렇게 자꾸 물어봐? 이상하잖아'라는 반발심을 일으킬 수 있다. 고객에게 우리가 강조해야 하는 것은 '현재 당신이 이렇게 문제가 많다'라는 것이 아니라, '현재의 문제를 이렇게 해결할 수 있고 그렇게 되면 이러이러한 이득이 있으니 좋습니다'라는 데 초점을 맞춰야 한다. 어떤 사람이라도 자기 자신에게 문제가 많다는 것을 흔쾌히 받아들이고 좋아할 사람은 없다. 누구나 설득이 아니라 공감을 원한다.

남들은 다들 '어렵다 어려워'라 말할 때도 성공하는 사람들은 늘 있다. 그런데 그런 사람들을 유심히 관찰하다 보면 당면한 문제를 해결하는 방식이 보통 사람들과는 차이가 있다는 것을 발견하게 된다. 예를 들어, 많은 사람의 관심사인 체중 감량을 누군가 계획하고 있다고 하자. 두 사람의 식이요법 코치가 있다고 해보자. A라는 사람은 먹는 음식마다 '이건 몇 칼로리, 저건 GI Glycemic Index, 당지수, 당질을 함유한 식품을 섭취한 후 당질의 흡수 속도를 반영하여 당질의 질을 비교할 수 있도록 수치화한 값가 얼마'하는 식으로 이성적인 접근을 하고 논리적으로 설명한다. 반면 B라는 사람은 '어젯밤에 먹은 족발, 그게 생각보다 맛있으셨어요? 괜히 당긴다고 시켰지만 배달 음식이 사실 그렇게 맛있는 건 아니잖아요? 돈만 쓰고 살만 찌지. 그냥 안 먹고 자는 게 훨씬 낫더라고요. 야식은 그냥 습관이에요'라고 아주 단순하게 설명한다. 한쪽은 이성에 호소하는 것이고 나머지는 감성에 호소하는 경우이다.

그렇다면 어느 쪽이 체중 감량에 성공할 확률이 높을까? 아마도 B가 코치하는 쪽의 성공 확률이 높을 것이다. 사람이 이성적인 판단을 하지 못해서 야식의 유혹에 넘어가는 것일까? 그렇지 않다. 사람은 이성적인 존재이지만 그보다 더 훨씬 감성적인 존재다. 그냥 맛있는 것을 보면 먹고 싶어지고, 좋은 것을 보면 사게 된다.

그런데 이렇게 사람이 감성적인 존재라는 데 착안한 세일즈 방법이 '최면 세일즈'다. 흔히 최면을 오해하는 사람들이 너무나 많은데 텔레비전에서 가끔 볼 수 있는 것처럼 소파에 앉혀놓고 최면을 건 다음 과거로 돌아가게 하는 것이 최면의 전부가 아니다.

미국의 심리학자 밀턴 에릭슨 박사는 각성 최면이라는 흥미로운 분야를 연구했다. 최면 세일즈는 내가 에릭슨 박사의 각성 최면을 세일즈 현장에서 접목해 지난 10여 년 동안 철저하게 검증하고 그 효과를 확신하게 된 방법이다.

이 최면 세일즈 상태의 효과는 사람들의 감정에 호소할 수 있는 최면의 힘을 활용한 것인데, 이것을 통해서 사람들의 마음속 깊은 곳에 숨겨져 있던 구매 욕구를 끄집어내어 고객들 스스로가 구매하고 싶다는 생각이 들도록 만든다.

혹시라도 해서 덧붙이는 것이지만 최면 세일즈 상태의 효과가 좋다고 해서 최면이 마치 사람을 마음대로 조종할 수 있는 마법 같은 것으로 오해해서는 안 된다. 그런 것은 없다. 최면은 익숙지 않을 뿐이지 아주 일반적인 현상이고 과학적이고 논리적인 반응에 지나지 않는다. 그러니 괜한 오해는 마셨으면 한다.

심드렁하던 동네 이웃도 개입시키는 최면 세일즈

처음 듣는 '최면 세일즈'라는 표현에 고개를 갸웃거리기는 했지만 '과연 그렇게 효과가 있을까?' 하는 호기심이 들었습니다. 워낙에 말솜씨가 없어서 세일즈 상태로 만드는 말하는 것이 매번 어렵고 부담스러웠는데 '한번 시도라도 해보자'는 생각만 하고 있었습니다. 그런데 최면 세일즈의 효과를 직접 경험해볼 기회가 생겼습니다.

수업을 마치고 집으로 돌아가던 길, 늘 통닭을 사는 단골집에 갔습니다. 워낙 맛있는 집으로 소문이 나서 손님들이 항상 줄을 서서 기다리는 곳이었는데 통닭을 튀기고 계시는 사장님이 고혈압을 앓던 중이었습니다. 동네 사람이고 오랜 단골이다 보니 그 정도는 잘 알고 있었습니다.

안 그래도 전부터 우리 제품에 관해서 몇 번 말을 꺼낸 적이 있기는 했지만 잘 아는 사람이라서 그런지 오히려 무슨 말부터 해야 할지 막막했었고 바쁜 사람 붙잡고 뭐 하는 건가 싶어서 말을 꺼내다 말기를 몇 번 했었습니다. 사장님도 건성으로 '아, 그래요?'하는 대답을 매번 하는 것도 별로 관심이 없다는 뜻이겠거니 해서 말입니다.

그날도 통닭집에 들러 한 마리를 사 가려고 하다가 '여기서 한번 해 볼까?' 하는 생각에 수업 중에 배웠던 최면 세일즈 구절의 하나를 응용해 보았습니다. "사장님, 만약에 사장님께서 1년 후에 고혈압약을 끊으신다면 어떻겠습니까?"라고 했더니 그전에는 건성으로 대답하시던 분이 눈이 동그래지면서 내 말에 집중하는 것이었습니다. 입까지 벌리면서 말입니다.

신바람이 나면 아무리 힘든 일도 힘든 줄 모른다고 한다더니 정말 그렇더라고요. 일단 사장님이 제 말에 관심을 기울이는 모습을 보니까 그동안 손님들에게만 했던 얘기들이 술술 나오기 시작하는 겁니다. 어느새 가게 안에 있던 사모님, 사장님 어머님도 나오셔서 제 얘기를 들으시더라고요. '아, 이래서 최면이라는 것인가?' 싶을 정도로 말입니다.

클로징으로 자신 있는 손동작과 함께 '저기 가락국숫집 식구들도 모두 다 먹고 있습니다. 저희 작은아버지도 한 반 년째 들고 계시는데 혈압약 반으로 줄이셨고요. 다니던 한의원에서 어떻게 된 거냐고 물어보다가 지금은 그 한의원에도 납품하고 있습니다. 우리 아들은 두 돌 좀 안 됐잖아요. 지금까지 병원 한번 안 가봤습니다. 다른 애들 겨울만 되면 감기 달고 살 때도 건강하잖아요?'

그랬더니 '내일 좀 갖다 주실 수 있으세요?'라고 부탁을 하시더군요. 통닭집 사장님이 그렇게 간절한 표정을 지으시는 건 처음 봤습니다. 제 얘기에 완전히 개입된 거겠지요? 하하.

이는 짧은 사례이지만 최면 세일즈를 통해서 얻을 수 있는 효과를 단편적으로 살펴볼 수 있었다. 개입 질문과 함께 사용하는 것이 좋은 최면 세일즈는 결국 고객의 이성보다는 감성을 자극하고 영업인에 대한 권위와 신뢰, 전문성, 그가 소개하고자 하는 제품에 대한 욕구를 미리 심어놓아 최종적으로 구매 결정을 내리게 되는 순간에 긍정적인 반응이 나올 수 있도록 하는 기법이다.

6

몸으로 설득하는 비법
제스처

자신의 능력을 감추지 마라. 재능은 쓰라고 주어진 것이다.
그늘 속의 해시계가 무슨 소용이랴.
벤저민 프랭클린

전화 통화나 전자 우편, 문자 등을 통해서는 알 수 없지만, 상대방의 몸짓이나 표정, 자세 등을 통해서라면 알 수 있는 것들이 상당히 많다. 그렇기 때문에 역설적으로 영업인들이 고객과 만남에서 취하는 몸짓과 자세, 표정 등을 통해서도 일정한 효과를 상대방에게 전달하는 것도 충분히 가능하다. 앞에서 잠깐 얘기했던 알파 테크닉은 그중 하나이다. 그리고 의도적으로 취하는 몸짓을 통해서 우리는 상대방에게 전달할 수 있는 것들이 많다.

따라서 최면 세일즈 어구와 함께 적당한 몸짓이나 손동작을 취할 때 그 효과는 더욱 배가된다. 이에 대한 좋은 책들이 이미 시중에 많이 나와 있으므로 관심 있는 분들은 구해서 따라 해보면서 몸에 익히면 좋다.

몸짓에는 많은 동작이 있지만, 그것들을 크게 분류해보면 앞으로 뒤로, 위로 아래로, 손 간격을 펼치고 좁히고, 세 종류의 조합이 있다. 이 조합을 동시에 묶어서 하는 것이 자연스러운 동작을 하는 노하우 이며 말로는 이해가 쉽지 않을 것이라 내가 직접 찍은 대표적인 동작 4가지를 보면서 연습해보시기 바란다. 자연스럽게 이러한 동작이 나 올 때까지 틈날 때마다 연습하다 보면 어느 순간엔가 자신의 동작이 어구와 함께 잘 어우러지고 상대방이 나의 의도에 따라 무의식적으 로 고개를 끄덕이거나 하는 것을 보실 수 있게 될 것이다.

①번 사진은 몸을 약간 앞으로 나아가는 것처럼 하면서 양쪽으로 손을 펼치는 동작인데, 내가 하고자 하는 말에 대한 상대방의 동의를 구하면서 수긍하도록 유도하는 동작이다. 보통 '그렇지 않습니까?'라

대표적인 4가지 동작

는 의문문과 자주 사용된다. 여기에 고개를 위아래로 약간 끄덕이면 효과가 더욱 좋아진다.

전 페이지 ②번 사진은 몸을 상대방 쪽으로 성큼 밀어내듯 나가면서 손을 편 상태로 상대방에게 깊숙이 밀어 넣는 동작이다. 상대방이 움찔할 정도로 강력한 분위기를 내는 이 동작은 구매 등을 권유할 때, 만남의 마무리를 짓는 말을 할 때 좋은 결론을 내셨다는 느낌을 전달하려고 사용한다.

③번 사진은 영업인의 전문성이나 신뢰도와 관련된 이야기를 할 때 자연스럽게 손바닥으로 자기 자신을 가리키면서 하는 말과 자신을 일치시키도록 할 때 사용하는 동작이다. 이를테면 '이 분야에 대한 전문성을 인정받고 있는 저로서는'이라고 하고 있을 때 '저로서는'이라는 말과 함께 이 동작을 하면 듣는 사람에게 나의 전문성을 인정받고 있다는 느낌을 강하게 전달한다.

마지막으로 ④번 사진은 '예 좋습니다. 맞는 말씀입니다'라는 식의 느낌을 주는 동작으로 고객의 요구나 질문을 적극적으로 수용한다는 것을 표현할 때 많이 사용한다. 고개를 갸웃하면서 사용해도 좋은 동작이다.

7

첫만남에서도 친근감을 주는 법
라포르 기법

자신을 믿어라. 자신의 능력을 신뢰하라.
겸손하지만 합리적인 자신감 없이는 성공할 수도 행복할 수도 없다.
노먼 빈센트 필

라포르Rapport 기법이라는 것은 고객이 처음 보는 사이이지만 우리에게 친근감을 느낄 수 있도록 만드는 방법을 말한다. 유튜브에 라포르 기법에 대한 동영상[8]을 올려놓았으니 시간이 날 때 시청해보면 이해가 더욱 쉬울 것이다. 라포르라는 단어는 라뽀르라고 부르는 프랑스어로 친밀함 친숙함 공감대, 친한 느낌을 의미하는데, 오랫동안 알고지내며 서로 믿을만한 사이라는 뜻이다. 처음 보는 사람이 이런 관계처럼 느껴질 수 있게 하는 것이 바로 라포르 기법인데 여기에는 미러링Mirroring과 백트래킹Back Tracking 등의 방법이 있다.

---

8) https://www.youtube.com/watch?v=AuJLYaKSmyE

라포르 기법은 상대방의 뒷말을 따라 한다거나 눈 깜빡임을 일치시키거나 호흡을 일치시켜 상대방이 나와 공감을 하고 친밀함을 느낄 수 있게 하는 방법을 말한다. 그중에서 미러링은 상대방이 하는 것을 거울에 반사되어 비치는 것처럼 그대로 따라 하는 것을 말하고, 백트래킹은 상대방의 말 중에서 몇 가지를 뽑아 맞장구쳐주는 방법이다.

어느 방법을 선택하든 라포르 기법은 상대방이 눈치채지 못하도록 자연스럽게 해야 한다. 이 방법 역시 많은 연습을 통해서 몸에 익히도록 해야 효과를 제대로 볼 수 있다.

뒷말을 따라 한다거나 상대방의 말 중에서 몇 가지를 뽑아서 맞장구를 쳐주는 식으로 라포르를 쌓아가는 것도 좋지만 즉각적으로 효과를 보는 방법이 있다. 손手을 따뜻하게 만들어 주라. 실제로 과학자들이 실험을 통해서 알아본 바에 의하면 사람의 손이 따뜻한 경우에 경험한 것이나 사람은 우호적으로 생각하는 반면, 손이 차가운 상태에서 접한 사물과 사람은 '왠지 차가울 것 같다. 별로 느낌이 좋지 않다'는 식의 부정적인 반응을 나타낸다고 한다.

내가 지하철의 작은 매장에서 장사할 때의 일이다. 몹시 추운 겨울날이어서 지하도를 지나는 사람도 많지 않은 데다 다들 발걸음을 바삐 재촉하고 있었다. 일진이 좋지 않다고 넘기기에는 그날 팔아버려야 하는 물건들이 제법 있어서 '이걸 어떻게 해야 할까?' 하고 고민을 하던 중이었다. 따뜻한 자판기 커피를 마시다가 문득 '그래 어떻게든 잘 되겠지 그럴 거야'라는 긍정적인 생각을 하고 있다는 것을 알게 됐다.

곰곰이 왜 갑자기 내 마음이 편안하고 긍정적으로 됐을까를 생각해보니 뜨거운 종이컵을 손에 쥐면서 커피를 마시는 동안 밖에서 장사하면서 차가워졌던 손이 따뜻해졌기 때문이 아닐까 싶었다. 그래서 '혹시?' 하는 생각으로 일회용 손 난로를 근처 가게에서 몇 개 사서 당장 실험을 해보았다.

지나가는 아주머니들을 불러서 '어머니 여기 와서 따뜻한 손 난로 좀 받아 가세요'라고 말을 건넸다. 그리고는 '손 난로는 뜯어서 흔들어야 열이 나요. 어머니. 흔들어 보세요. 어때요? 따뜻하죠?'라고 했더니 순순히 내가 시키는 대로 따라 하는 것이었다.

'내가 하라는 대로 움직이네?' 하는 깨달음을 하나 얻게 된 순간이었던 셈이다. 그날 손 난로를 잔뜩 사서 지하도를 지나가는 사람들에게 하나씩 손에 쥐여주면서 결국 옷을 모두 팔아버릴 수 있었다. 차가왔던 손이 내가 준 손난로로 따뜻해지면서 마음도 한결 부드러워진 상태가 됐고 내 도움에 따뜻해진 손님들의 마음이 '옷 하나씩만 사 가세요'라는 지시에 너그럽게 반응했기 때문이 아닐까 한다.

만약 직장인들이시라면 가뜩이나 바쁜데 상사가 부당한 일까지 지시를 해서 스트레스가 폭발할 상황이라면 슬그머니 밖으로 나가서 커피 한 잔을 뽑아 상사에게 드린다. 커피를 몇 모금 들이킬 때쯤 '지금 하는 게 너무 바쁜 것 아시잖아요. 일단 이거 다 끝낸 다음에 하면 안 될까요?'라고 해보면 적어도 '당장 해!'라는 반응은 나오지 않을 것으로 생각한다.

라포르 기법과 함께 알아두면 좋은 것이 바로 트랜스 리딩Trans Leading이다. 트랜스란 깊은 생각에 빠졌을 때 누가 옆에서 말을 걸어도 들리지 않는 그런 몰입 상태를 말한다. 트랜스 리딩에서 우리가 알아두어야 할 것은 사람은 누구나 자기중심적인 트랜스에 빠져 있는 상태라는 점이다. 그리고 자기 자신의 행복에 누구나 관심이 있고 자신의 욕구와 소망 그리고 고통에 사로잡혀 있는 상태라는 전제조건을 생각하고 트랜스 리딩에 나서면 효과를 볼 수 있게 된다.

이렇게 트랜스 리딩의 구체적인 방법론에는 크게 3가지가 있다. 바로 확인, 공감, 유도이다. 일단 상대방의 트랜스가 어떤 것인지를 파악하는 것에서부터 트랜스 리딩을 시작한다. 건강식품을 판매하러 간 경우라면 고객이 건강식품에 대해서 어떤 생각인지를 파악해야 한다. 이를테면 '건강식품은 다 거기서 거기야'라고 생각하고 있다면 트랜스 리딩의 시작점 역시 '건강식품은 다 거기서 거기다'라는 것에서 출발해야 한다.

공감이란 확인 과정을 통해 알게 된 고객의 트랜스 상태에 대해서 일단 조건이 없는 공감을 표현하는 것을 말한다. 고객의 생각이 '건강식품은 다 거기서 거기다'라고 하는 것이라면, 영업인 역시 "그렇죠. 사실 건강식품은 다 거기서 거기긴 하지요"라고 하라는 뜻이다. 이렇게 공감을 통해서 상대방은 조금 더 나와의 라포르가 쌓이기 시작한다. 처지를 바꿔서 생각해 보면 더욱 이해하기 쉽다. 당신이 '건강식품은 다 거기서 거기야'라고 철석같이 믿고 있는데, 한 건강식품 세일즈맨이 와서 한다는 소리가 '아니요, 저희 제품은 다릅니다'라고 말한다면 그걸 순순히 믿어줄까? 일단 내 생각과 믿음을 '잘못됐다, 틀렸다'라고 말하는 사람에게 공감대가 형성될 리 없다.

이렇게 확인과 공감의 순서를 지나면 유도하는 기술이 나와야 할 때다. 슬그머니 고객의 트랜스를 우리의 제안으로 흘러들어오게 한다. 이를테면 "그런데 사람들이 왜 이 제품은 다르다고 할까요? 그 이유를 말씀드려 볼게요"라고 말하라는 것이다. 그러면 듣는 사람은 일단 상대방이 자신의 의견에 공감과 동의를 한 상태이기 때문에 마음의 문을 아직 닫지 않은 채 있다. 따라서 들을 생각은 있는 상태다.

내가 영업 부진에 빠져 있는 세일즈맨들을 상대로 영업 교육을 시작했을 때 항상 사용했던 트랜스 리딩을 예로 들어보겠다.

> **나:** '단 한 번의 거절도 없이 판매할 수 있다'면 어떻게 그 방법을 알고 싶지 않으신가요?
>
> **상대방:** 에이~ 세미나 가서 교육받아 봤자 시간 낭비고 돈 낭비야.
>
> **나:** 맞습니다. 교육받는다고 뭐가 달라지겠어요?
>
> **상대방:** ….
>
> **나:** 그런데 수강하셨던 분들의 매출이 그전보다 올라간 이유가 있기는 한데,

한번 알려드릴까요?

상대방: ? ('응? 그게 뭔데?'라는 호기심이 생기기 시작함)

사람들은 누구나 자기 생각이 가장 중요하고 자신의 상황이 가장 어렵다고 느낀다. 그것이 기본적으로 사람이 누구나 가진 트랜스 상태이다. 이것을 확인하고 공감한 후에 슬그머니 아직 닫히지 않은 마음의 빗장 사이로 비집고 들어가자는 것이 트랜스 리딩이다.

8

더 나은 매출을 위한 거래의 새로운 시작
클로징

> 탁월한 인물이 가진 특성 가운데 하나는 결코 다른 사람과 자신을
> 비교하지 않는다는 점이다. 그들은 자신을 자기 자신, 즉 자신이 과거에 이룬
> 성취와 미래의 가능성과만 비교한다.
> 브라이언 트레이시

지금까지 실제로 고객과의 만남에서 사용할 슈퍼리치 영업 기술인 신기루의 법칙의 구체적인 방법론 즉, 알파 테크닉과 개입 질문, 페이싱과 리딩 세트, 최면 세일즈 상태, 라포르 기법과 트랜스 리딩, 제스처까지 숨 가쁘게 달려왔다. 결국 이러한 다양하고 체계적인 방법론이 필요한 것은 구매 결정이라는 최종적인 단계에 이르기 위해서다. 흔히 클로징Closing을 막무가내로 고객에게 구매 결정을 강요하는 담판을 지을 때 사용하는 용어라고 생각하는 사람들이 많다.

클로징이 상담을 마친 후 구매를 권유하는 것이기 때문에 구매하든 하지 않든 간에 딱 부러지는 정확한 결과물이 나오기 위해서 강권할 수는 있다. 하지만 그건 그다지 좋은 방법은 아니다. 영업인이 충분하게 조언했음에도 불구하고 고객이 이점을 느끼지 못했다면 분명

딴생각을 했다는 얘기다.

그것은 개입 질문을 잘못 던졌다는 의미이자 만남의 첫 순간부터 잘못된 길로 들어섰다는 뜻이기도 하다. 고객은 만남의 순간부터 이미 구매 의사를 어느 정도 굳혀서 자리에 나온 것이기 때문에 거절이 나올 이유가 없다.

내가 던진 로볼에 흥미를 느껴 개입 상품에 손을 댔고, 멘토 포지셔닝에 의해서 영업인이 전문가임을 인정하고 알고 있었기 때문에 먼저 만남을 원했던 상황이다. 그런데 이렇게 이미 개입된 고객에게서 구매 결정을 못 받아냈다면 세일즈 프로세스를 잘못 이해하고 잘못해왔다는 의미가 된다. 클로징은 구매하지 않으려는 사람을 억지로 구매하게 만드는 과정이 아니라 이미 마음을 먹고 나온 사람에게 행동을 촉구하는 과정에 지나지 않는다.

그래서 '단 한 번도 거절 없이 판매할 수 있다'라고 자신 있게 말할 수 있고 이러한 나만의 비즈니스 맞춤 설계도인 세일즈 프로세스가 누구나 따라 하면 성공할 수 있는 신기루의 법칙이라고 말하는 이유이다.

클로징은 한편으로는 제품을 판매하는 최종적인 목표지점일 뿐만 아니라 더 나은 매출을 위한 거래의 새로운 시작이기도 하다. 단지 눈앞에 다가와 있는 매출만을 바라보지 않고 고객의 구매 욕구가 어느 정도 올라온 사람에게만 부드럽게 구매를 권유하고, 서로 도움이 되고 있다는 사실에 공감한 우호적인 관계에서 거래를 마무리하도록 해야 한다. 그래야 추가적인 판매가 일어나고 재판매 그리고 소개 판매가 저절로 일어날 수 있다. 어떻게 하면 부드러운 일단락을 지을 수 있는지에 대해 구체적인 클로징 어구 몇 가지를 소개해 보겠다.

- 당장 구매하겠다고 할 때: 그냥 좋다고 무턱대고 구매하시는 것보다는 한 번 써보시고 나서 그때 구매하시는 게 더 낫지 않으세요? (구매는 확실시된 상황이지만 추가 판매, 소개 등으로 연결하고 싶은 경우)

- 여전히 효과에 대해 의심 중일 때: 만약 정말 이러한 효과가 있다고 한다면 오늘 선택해도 괜찮습니까? 정말 그렇다고 한다면 말이지요. (의심이 해소되는 조건으로 구매를 확정하겠다는 선약을 받으려는 의도의 경우)

- 고객이 제품의 가격을 말하도록 유도할 때: 정말 그런 게 있다면, 솔직히 돈 얼마 하겠습니까? 정말로 제 말처럼 된다고만 한다면 말이지요. (고객에게 제품 가격을 알리지 않았을 때 예상 가격을 실제보다 높게 생각하도록 유도하는 경우)

- 대화 속에 전제 조건을 깔아 둬야 할 때: 물량이 밀려서 10일 뒤에나 설치할 수 있는데 그게 그렇게 너무 늦는 것은 아니지요? (고객이 설치가 너무 늦다고 말할 것이 예상되는 경우)

이외에도 5가지의 유형의 클로징 어구가 더 있는데 자세한 내용은 필자의 책《영업의 정석》을 참고하거나 인터넷이나 전화 문의를 하면 도움을 받을 수 있다.

거절하는 고객의 마음을 열 수밖에 없는 설득법

'노 머니(No Money,돈이 없거나) 노 크레딧(No Credit, 믿지를 못하거나) 노 니즈(No Needs,그다지 필요하지 않거나) 노 파워(No Power, 구매할 결정권이 없거나) 노 허리(No Hurry 급하지 않거나)'

이는 거절하는 고객의 5가지 속마음이다. 철저한 준비를 통해서 상담을 진행했음에도 고객이 거절하는 경우가 발생할 수 있다. 이렇게 거절이라는 뜻하지 않은 상황에 직면했을 때의 대처 방법은 크게 2가지가 있다. 먼저 '되치기'라는 것이고 다른 방법은 '확인, 공감, 유도'라는 트랜스 리딩 기술을 활용하는 것이다.

고객이 일단 거절했을 때는 반박하거나 반론을 제시하는 것은 좋지 않다. 상대방이 나의 주장에 대해 방어할 것이다. 우호적인 분위기로 상담을 진행했더라도 거절이 나왔다면 먼저 수용해야 한다. 자연스럽게 대화를 이어가면서 다시 한번 생각할 수 있는 말미를 주어야 하는데 그 방법이 되치기와 확인 공감 유도이다.

되치기는 거절의 이유로 든 고객의 말과 나의 권유가 같은 것임을 알리는 것이다. 이를테면 교육 참가를 위한 상담 끝에 거절했는데 그것이 교육비용이 '너무 비싸다'라는 거절이 나왔다면 '네, 맞습니다'라고 한다음에 차분하게 '비싼 것이 아니다'라는 의견을 말한다. 고객의 말에 일단 동의한 다음, '억대 연봉을 위한 교육을 받기를 원하시면서 겨우 100만 원밖에 안 되는 교육비가 비싸다고 생각하시는 것은 아니지 않습니까?'라고 목적 대비 구매 비용이 그리 비싼 것이 아니라고 다시금 주지시키는 방법이 되치기이다.

되치기 방법을 쓸 수 없는 경우에는 확인, 공감, 유도의 방법을 활용할 수 있다. 예를 들어, 고객이 교육을 '필요 없다'라고 거절했다면 일단 '맞습니다. 고객님, 필요가 없습니다. 무슨 교육이 필요하겠습니까? 초보 시절에는 저도 그렇게 생각했고, 저를 만나서 성공하신 분들도 처음에는 다들 그렇게 생각하셨습니다. 하지만 그렇게 생각하셨던 분들이 교육을 받고 나서 매출이 2배, 3배로 뛰어올랐는데 어떻게 해서 그렇게 됐는지 들어보시겠습니까?'라고 하는 것이다.

상대방이 거절한 이유를 확인하고 공감함으로써 상대방이 쌓은 거절의 방어막을 낮추는 대화를 하면서 다시 한번 최면 세일즈 멘트 단계로 돌아갈 수 있는 유도 어구를 구사하는 방법이 효과적이다. 어떤 경우에서든 고객은 거절할 준비가 되어 있다. 고객의 반응이 항상 이성적인 판단에서만 나오는 것이 아니다. 언제나 사람은 자기 위주로 생각하고 판단하기 때문에 그런 트랜스 상태에 빠져있다는 것을 인정하고 생각지 않았던 거절이 나오면 다시금 최면 유도 어구의 단계 등으로 복귀해서 상담을 진행하는 마음의 여유를 가져야 한다.

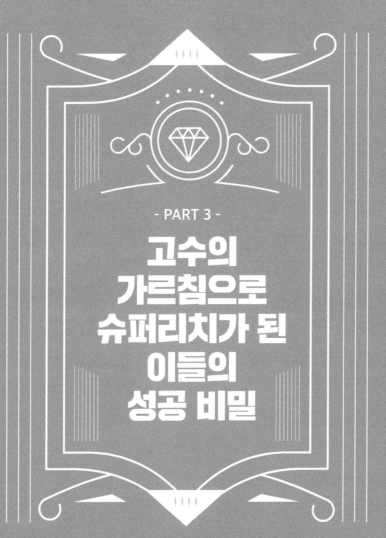

- PART 3 -

고수의
가르침으로
슈퍼리치가 된
이들의
성공 비밀

CHAPTER 1

세일즈 고수의 교육과 멘토링,
슈퍼리치로 이끌다

보험영업인에서 상담 신청이 줄을 있는 투자회사 CEO가 되다

자신을 낮게 평가하는 자는
그처럼 남들에 의해서도 낮게 평가된다.
P. D. S. 체스트 필드

　몇 해 전 몹시 추웠던 어느 날 만난 한 젊은이에 대한 이야기를 해보겠다. 뜬금없이 형님이라고 나를 부르더니 짧고 강렬한 댄스로 자기소개를 대신할 정도로 끼와 열정이 대단했다.

　보험 판매를 하고 있던 이 젊은이는 나의 동영상을 보고 책을 읽고 찾아왔다고 했다. 내게 보여주었던 댄스만큼이나 자기 일에도 열정적이었는데, 세일즈를 위해서 그가 들인 노력에 비해 성과가 좀처럼 따라주지를 못해서 고민하고 있었다. 회사에서 제공하는 세일즈 교육과 정신 교육에 누구보다 열심히 참여하고 배웠고 사비를 들여서 각종 교육을 찾아다니며 받을 정도로 자기계발에도 열심이었지만 사정은 크게 달라지지 않았다. '그래 이건 훌륭한 실패야'라고 생각해 왔던 것까지도 '이게 정말 잘 되기는 하는 것일까?'라는 회의감에 빠져

들고 있었다고 했다.

현재 처해있는 문제의 심각성과 개선하고자 하는 굳은 마음가짐이 되어 있던 만큼 자신만의 영업 맞춤 설계도 즉, "아! 세일즈 프로세스요?"라고 선뜻 대답했다. 무료로 제공되는 동영상 강의와 책을 사서 혼자 공부를 해왔던 만큼 어느 정도의 이해도는 있던 상태였다. 나는 이 열정적인 사람에 대한 맞춤식 영업 설계도를 짜주기 위해서 일 전반에 대한 깊이 있는 대화를 나누었다. 지금까지 영업 현장에서 제대로 쓸 기회가 없었지만, 다수의 번뜩이는 아이디어를 갖고 있다는 사실도 알게 됐다. 슈퍼리치 영업 기술인 신기루의 법칙이라는 원리에 자기 자신만의 응용력으로 큰 성공을 거둘 가능성을 발견했다.

이렇게 하고자 하는 의욕이 있고, 아이디어가 많은 사람에게 세일즈 프로세스는 날개를 달아주는 역할을 한다. 자기 자신이 그동안 해왔던 영업 방식과 업무 처리 행태 곳곳에서 개선하고 응용할 여지를 스스로 찾아낼 수 있다. 마침내 실적 부진에 대해 깊이 고민하던 이 젊은이는 현재 하루 평균 4건의 상담 약속이 밀려 있을 만큼 너도나도 많은 사람이 찾는 한 투자 회사의 CEO가 되어 있다.

그를 위해 짜주었던 세일즈 프로세스를 개략적으로나마 설명하겠다. 이 젊은이와의 작업에서 가장 처음 손을 댔던 것은 우선 목표 고객을 설정하는 작업이었다. 어느 보험사든 공통으로 해당하는 것이 '판매하는 상품과 영업인이 너무나 많다'는 것이다. 보험업계의 구조적 특성상 회사별로 독특한 보험 상품이 많지 않은 것도 일선 보험 영업인들이 장점을 드러내기 어렵게 만드는 요인 중 하나였다.

따라서 어떤 특별한 상품을 통해서 이 젊은 보험 영업인을 차별화시킬 수 있는 세일즈 프로세스가 아니라 이 사람만이 할 수 있는 상품에 초점을 맞추기로 했다. 우선 착수한 작업은 2가지였다. 회사에서 판매하고 있는 많은 보험 상품 중에서 주력할 만한 상품을 목록에 넣는 작업과 목표 고객들을 결정하는 것이었다. 결국 우리는 어린 자녀를 둔 젊은 부모님들을 목표 고객으로 설정했고 주력으로 판매할 보험 상품을 목록에 넣는 작업을 했다.

이 사례의 세일즈 프로세스에서도 가장 핵심은 멘토 포지셔닝이었는데 목표 고객들이 '이 사람은 전문가구나'하는 생각을 할 수 있게끔 만드는 작업을 진행했다. 보험 판매가 최종적인 목표이기는 하지만 멘토 포지셔닝의 구축을 위해서 목표 고객들이 관심을 가질만한 주제를 남보다 앞서 차지하는 것에 가장 큰 비중을 두었다.

그렇게 해서 나온 주제가 어린이 대상 경제교육이었다. 아이의 장래를 위해서 부모들이 직접 해주고는 싶지만 능력이나 여건이 되질 않아서 잠재워두고 있는 욕구가 있음에 주목했기 때문이었다. 어린이 경제교육 분야의 전문가로 멘토 포지셔닝을 하기 위해서 어린이 경제 교실을 기획하고 관련 내용으로 블로그 포스팅과 각종 칼럼 기고, 방송 출연 등을 적극적으로 실시해 나갔다.

이렇게 하나하나 멘토 포지셔닝 구축을 위한 작업을 진행하면서 반응이 나타나기 시작했다. 자녀들의 재테크, 경제 교육 등을 위한 상담 신청 DB가 한 달에만 100건이 넘게 쌓일 정도로 성공했다. 얼마 지나지 않아 소자본 창업자를 대상으로 투자해 주는 사업의 대표로 뽑혔고 관련된 교육상품의 기획과 마케팅 프로그램을 진행했다. 그리고 현재는 그동안 축적한 전문성을 살려서 잠재의식 재테크라는 형태의 새로운 교육 프로그램을 개발, 고액 연봉을 받으며 생각, 행동, 감정 등을 절제하고 조절할 수 있도록 가르치는 교육과 상담을 진행하고 있다.

 사례 요약

- **상담 전**: 매출 증대 원하는 보험 영업인
- **타깃 고객**: 어린 자녀를 둔 젊은 부모
- **로볼 및 개입 상품**: 어린이 대상 경제교육
- **멘토 포지셔닝**: 블로그, 매체 기고, 방송 출연
- **현재 상황**: 투자 회사 CEO 및 재테크 컨설턴트

을에서 슈퍼갑이 된
세일즈 맨의 비밀

자기 불신은
우리가 실패하는 대부분의 원인이다.
어니스트 헤밍웨이

•
•
•

내게 비즈니스 멘토링과 교육을 받으러 오는 사람 중에는 이미 어느 정도 영업 성과를 보고 있는 경우도 드물지 않다. 그런 데에도 적지 않은 돈을 들여 교육을 받으려는 것에는 각자 절박한 사정이 있다. 정말 발이 닳도록 뛰어다니며 올리는 영업으로 심신이 지칠 대로 지쳐서 무언가 현재 상황을 벗어나고자 하는 도움을 받고 싶은 경우도 적지 않았다.

경기도 의왕에서 건강식품 제조 공장을 설립해 운영 중인 이 분이 그런 사례였다. 2005년부터 부친이 가족들을 위해서 만들어 먹던 건강식품의 효과를 지켜본 지인들이 '돈 주고 살 테니 나도 좀 만들어 달라'고 한 것이 사업의 시작이었다고 한다. 워낙에 효과가 좋았던 터라 이 건강식품은 금세 입소문을 탔기 때문에 사업성도 충분해 보였다.

그런데 막상 이 건강식품 판매 사업은 생각만큼 매출이 나오질 않았다. 유명한 회사의 제품도 아닌 데다 처음 들어보는 곳의 제품을 순순히 구매해줄 사람을 찾기가 쉽지 않았다. 매출이 올라오지 않는다고 해서 이미 벌여 놓은 사업을 접을 수도 없어 어쩔 수 없이 아무 집이나 초인종을 누르고 방문해 판매하는 돌방을 하게 됐다. 한번 방문을 한 집에 다시 방문하면서 안면을 조금 익혀 놓고 제품 체험을 하게끔 하는 식의 영업이었다고 한다. 어렵기는 하지만 제품력이 워낙 좋았기 때문에 한번 써 본 사람의 소개 등을 통해서 매출이 조금씩 좋아지고 있었다.

그렇지만 기본적인 매출 발생구조가 돌방에서 나오는 현재의 영업 방식을 더 확장하는 것은 불가능했고 유지하는 것조차 어려움을 겪고 있어서 심각한 고민을 하다 내게 찾아왔다고 털어놓았다.

돌방 이외에 전단을 많이 뿌리는 방법으로 영업활동을 해왔다는 이분은 '1톤 트럭에 꽉 찰 정도로 뿌렸다'고 했다. 그런데 정작 전단을 통해서 발생하는 매출은 거의 없었다는 것이 딜레마였던 셈이다. 돈만 버리는 쓸데없는 짓이라는 주위의 만류에도 꿋꿋하게 전단을 직접 뿌렸던 이유는 계속되는 돌방 영업에 육체적으로 한계를 느꼈기 때문이었다.

이 사례에서 특기할만한 포인트는 프로세스에서 중요한 항목을 차지하고 있는 레터(전단 포함)다. 제목과 부제목 등에 질문을 넣어 읽는 사람과 계속 대화해야 한다는 핵심 메시지를 잘 반영한 레터를 만들기 위해서 여러 번의 시행착오를 거치면서 최종판 레터를 만들었다. 이렇게 만든 레터를 돌리고 나서 전화 상담을 요청하고 체험용 본보기를 보내달라고 요청하는 사람들이 폭발적으로 늘어났다.

정식 제조업 허가를 얻은 공장에서는 택배 주문으로 들어오는 물량을 생산하는 것만으로도 완전히 가동하는 대성공을 거두고 있다.

본인이 만든 건강식품을 먹고 농장까지 찾아와 감사 인사를 하는 고객들을 보면서 가장 큰 보람을 느낀다는 이분은 건강한 삶이라는 주제로 대학에서 특강을 할 정도로 멘토 포지셔닝을 구축했다. 이 분이 "책에 꼭 써주세요"라고 했던 말을 옮겨본다.

"마지막으로 아직 교육을 안 받으신 분들 위해 제가 교육받은 요점만 말씀드릴게요. 내가 파는 상품에 관심 없는 분들 만나며 시간 허비하지 말고 나와 내 제품에 관심이 있는 분들만 만나서 상담하면 훨씬 효율성이 높아진다는 겁니다. 그리고 그런 분들이 내게 연락하게 만드는 방법은 여러 가지가 있더라고요. 저는 그중 레터라고 부르는 전단이라는 방법을 선택했고요. 여기까지가 가장 핵심적인 내용입니다. 부가적으로 상담하는 방법 같은 게 있는데, 저는 워낙 대화 능력이 떨어지는 편이라서 적용하기가 무척 어렵더라고요. 그리고 처음부터 나와 내 제품에 관심 있는 분들만 만나니 굳이 말을 잘하지 못해도 괜찮더라고요. 물론 잘하면 더욱 좋겠지만요."

📔 사례 요약

- **상담 전**: 건강식품 제조업체 대표, 무작정 돌방으로 지친 상태

- **타깃 고객**: 건강에 관심 많은 사람 (약물 투약 아닌 건강식품에 관

  심 있는 사람들)

- **로볼 및 개입 상품**: 레터 (전단 위주), 최면 세일즈

- **멘토 포지셔닝**: 전화 상담해주는 건강 전문가

- **현재 상황**: 제조 공장 설립, 택배 발송 물량으로 공장 전체 가동,

  대학 특강 등

크게 노력한 것 없이
매출은100배오른 세일즈 디자이너

자신감은
위대한 과업의 첫째 요건이다.
사무엘 존슨

．
．
．

현재 인쇄 판촉물 분야에서 두각을 나타내고 있는 이 분의 경우는 '본업은 무엇이었나?' 하는 궁금증을 자아내게 되는 사례이다. 대학 시절 정부 출연 기관을 비롯해 14곳이나 되는 인턴 생활을 하고 남산 서울 타워에서 연인을 대상으로 열쇠를 팔면서 자신이 맡은 일에 온 힘을 다하는 전형적으로 성실한 사람이었다.

대학 졸업 후, 분석과학 기기 기술영업을 하면서는 수도권 인근의 모든 대학과 구로 벤처타운, 인천의 기업체 밀집 지역, 춘천 지역과 충북 연구 단지, 대전 테크노 밸리 등 안 가본 곳이 없을 정도로 열심히 영업활동을 했다고 한다. 가방이 터지게 팸플릿을 넣고 다니면서 하루 명함 1통을 다 쓴 적도 있다. 월급의 10%를 고객들에게 사용하자는 각오로 고가의 아이스크림 케이크를 돌리고, 도넛과 롤케이크를 뿌리고 다녔다. 하루에 10~15곳을 방문해야 했지만, 나중에는 하루 1~2곳만 방문해도 이전 매출을 기록할 만큼 어느 정도 매출이 안정적인 단계에까지 이르렀다.

그렇지만 항상 '뭔가 부족하다'고 생각하던 와중에 자신의 명함이나 팸플릿이 길바닥에 버려져 있는 것에서, 그리고 '누구세요?'라고 되묻는 예전 방문처의 고객을 보면서 홀로 아쉬움을 느껴야 했다고 한다. 계속 그 일을 한다면 현상 유지는 가능하겠지만, 장래가 뻔히 보이는 방향으로 계속 나아간다는 것에 회의를 느끼고 퇴직 후 내 강의를 듣게 되면서 인연을 맺게 됐다.

이분은 새로운 일에 대한 욕구가 확실했기 때문에 '되도록 경험을 해본 일에서 새로운 방향을 모색해보자'는 결론을 어렵지 않게 도출할 수 있었다. 평소 세일즈 과정에서 아쉬움을 많이 느꼈던 인쇄 판촉물 분야에서 창업하기로 했다.

본인도 그동안 판촉물들을 많이 사용하면서 느낀 점을 활용한다면 세일즈 프로세스를 잡아나가는 것이 어렵지 않으리라 판단했다. 우선 왜 영업인들이 시간과 돈, 정성을 들여 만든 명함, 전단, 카탈로그, 책자들이 버려지는 것일까를 생각해 보게 됐다. 내 강의 내용 중 레터편이 새로운 일에 대한 중요한 동기부여가 됐다.

이분은 인쇄 판촉물 분야에서 그동안 접하지 못했던 방법의 명함과 판촉물을 판매하는 것으로 결론을 내렸다. 인터넷이나 충무로 인쇄소 골목에 이미 있는 수많은 업체와 비슷한 방법으로 경쟁하는 것은 무의미했다. 그래서 과감하게 인쇄 판촉물의 내용으로 승부를 걸었다. 디자인과 생산은 전부 외주로 돌려 새로운 사업의 몸집을 한결 가볍게 가져갈 수 있었고, 자신에 대한 브랜딩 작업으로 세일즈 디자이너라는 명칭을 사용하기로 했다.

이 분이 선보인 세일즈 디자이너란 다름 아닌 인쇄 홍보 전단의 원래 목적으로 돌아가자는 세일즈 레터를 명함과 판촉물 등에 적용하는 것이었다. 왜 내가 정성스럽게 건네는 전단이 그냥 땅바닥에 버려지는 것일까를 생각해 보면 '그렇긴 하구나'하는 것을 알게 될 것이다. 전단이나 팸플릿, 명함의 본래 목적은 상대방에게 나를 알리는 것이다. 팸플릿의 표지를 넘겨서 그 속에 들어 있는 내용을 꼼꼼하게 읽게 하는 것이다.

하지만 실제로 우리가 만날 수 있는 인쇄 판촉물의 대부분은 그렇지 못하지 않은가. 단지 예쁜 모델을 표지 사진에 넣거나 톡톡 튀기만 할 뿐 그게 정작 무슨 내용인지도 모른 채 명함에 넣고 다니는 것은 아닌지 돌아보자.

이렇게 세일즈 레터를 만드는 방법을 적용하여 누구에게나 본래 원하던 목표를 이루어 나가는 데 도움이 되는 인쇄 판촉물을 만들었다. 1만 원짜리 명함 하나를 판매하려고 애썼던 이 분은 한번 효과를 본 고객의 소개를 통해서 1천만 원짜리 판촉물 계약을 턴키 베이스 Turn Key Base, 열쇠만 돌리면 설비나 공장을 곧바로 작동시킬 수 있는 상태에서 인도한다는 뜻, 일괄수주계약로 척척 따낼 만큼 성공을 거두고 있다.

들이는 노력의 강도와 양은 이전과 크게 달라지지 않았지만, 그로 인해 발생하는 매출의 규모는 100배 이상의 성장을 거둔 셈이다. 그리고 이렇게 한번 맛본 세일즈 디자인에 대한 관심은 '그 명함 어디서 만든 거야? 나도 한번 써보자'는 식으로 자발적인 소개 영업을 활성화해서 과거에 힘들게 세일즈와 상담을 통해서만 매출을 올리던 형태에서 벗어나 편하게 매출을 달성하는 단계로까지 발전했다.

📘 사례 요약

- **상담 전**: 외식업체, 유흥업소, 세일즈맨 대상 명함 판매업

- **타깃 고객**: 개인 브랜드, 세일즈용 명함이 있어야 하는 사람들

- **로볼 및 개입 상품**: 본인의 세일즈용 명함, 최면 세일즈 멘트

- **멘토 포지셔닝**: 개인 브랜드에 도움을 주는 세일즈 디자이너

- **현재 상황**: 대형 유흥업소 홍보물 전량 수주 외 고정 거래처 다수 확보

통장 잔액 2천 원,
아저씨에서 박사님으로 불리기까지

> 오늘 달걀을 한 개 갖는 것보다
> 내일 암탉을 한 마리 갖는 편이 낫다.
> 토머스 플러

충북 청주에서 보청기 영업을 하시는 이 분의 사연은 참으로 안타까웠다. 영업활동을 성실하게 열심히 하셨지만 늘 연로하신 고객들에게 이리저리 휘둘리며 욕을 먹기도 하는 영업활동이 계속되다 보니 지쳐가고 있었다. 노력하는 만큼의 성과가 나오면 그나마 괜찮을 텐데 그것도 아니어서 어떤 날은 버스비가 없어서 영업을 나가지 못했다.

통장 잔액이 바닥이 날 정도로 상황이 어려워서 새벽 인력 시장에서 날품이라도 팔 생각으로 생활정보지를 뒤적이다가 우연히 발견한 비즈니스 교육 광고 문구를 보고는 이끌리듯 나를 찾아오셨다. '시키는 대로 해보자. 어차피 안 되는 거 하다가 잘못될 것도 없지 않겠나'라고 반 체념 상태로 교육을 받기 시작하셨다고 한다.

고수의 가르침으로 슈퍼리치가 된 이들의 성공 비밀

이분의 사례는 현재 하는 일을 바꾸기보다는 하는 일에서 성과를 높이는 방향으로 잡았다. 그중에서도 영업활동을 통해서 바닥까지 떨어진 자존감 회복에 가장 중점을 두었다.

추운 날에도 손님을 위해서 세일즈 상담을 해 드려도 돌아오는 말이 아저씨뿐이어서 마음에 적잖은 상처를 받았다는 속내를 털어놓기도 했다. 이렇게 아저씨 소리를 들으며 잡상인 취급을 받던 이분은 불과 2달 만에 손님들에게서 박사님 소리를 들을 정도로 놀라운 신분 상승의 주인공이 됐다.

'도대체 어떻게 했기에?'라고 궁금하신 분은 이 책의 앞부분에 나오는 멘토 포지셔닝을 자세히 여러 번 반복해서 읽어보시기를 바란다. 영업인이 확실한 멘토 포지션을 갖추게 되면 누구도 부럽지 않은 우월적인 입장에서 고객들을 대할 수 있게 된다. 유용한 정보를 하나 더 드려보자면 멘토 포지셔닝이 어느 정도 구축될 때까지는 그런 척할 필요가 있다.

멘토 포지셔닝의 시작도 이 '~척'에서 시작하는 것이라고 볼 수 있는데 어느 분야이든 몇 년가량 세일즈 경험이 있는 사람이라면 보통의 고객들이나 일반인들보다는 해당 제품이나 분야에서 훨씬 다양한 지식과 경험을 갖게 있게 마련이다. 이런 점을 십분 활용해 ~척을 해야 할 것이다. 제품에 대한 문의를 받았을 때의 답변도 '예, 고객님~'이 아니라 '잠시만 기다려 주시겠습니까?'라고 일단 바쁜 척을 한 후, '전문가의 견지에서 볼 때, 이것은 이렇게 사용하는 것이 더 좋습니다'

라는 식으로 조언하는 것이다.

처음에는 분명 어색하겠지만, 점차 자신을 대하는 사람들의 태도가 달라진다고 눈치챌 것이다. '그것은 저 사람이 제일 잘 알더라'는 소문이 조금씩 퍼져나가고 당신이 그저 꿈처럼 생각하던 멘토 포지셔닝이 어느샌가 나의 것이 되어 있는 것을 보게 될 것이다.

이분도 마찬가지였다. 지금은 카카오톡 소개 사진도 흰 가운을 입고 팔짱을 낀 채, 자신 있는 자세로 환하게 웃고 있는 모습으로 바뀌어 있다. 비즈니스에 필요한 권위는 스스로 만들어 나가야만 한다. 눈이 아무리 많이 쌓여있어도 최초의 작고 단단한 눈 뭉치가 없으면 큰 눈 덩어리Snow Ball로 뭉쳐지지 않는다. 당신을 업계 최고 수준의 전문가로 만들어 줄 멘토 포지셔닝은 자신감 즉, ~척에서 시작하는 것이다.

이제는 청주에 있는 오프라인 매장으로 서울에서도 연락이 많이 오고 전북 같은 지방에서도 연락이 올 정도로 영업이 활기를 띠었다. 여기에 멘토 포지셔닝과 병행해서 구축한 온라인 플랫폼이 작동하기 시작하면서 온라인을 통한 매출도 저절로 상승곡선을 그렸다. 최근에는 카카오톡을 통해서 남아프리카 공화국에 거주하는 분이 보청기에 대한 상담을 요청해 올 정도로 확실한 멘토 포지셔닝을 더욱 굳혔다. 가스비가 나갈까 봐 밸브를 꼭 잠그고 확인하기를 여러 번씩 했던 당시를 떠올리면 지금도 마음이 아프다지만 지금은 돈 걱정 안 하고 여유롭게 활동한다.

사례 요약

- **상담 전**: 보청기 영업인, 실적 부진으로 막노동 각오하던 상황

- **타깃 고객**: 보청기가 필요한 이들

- **로볼 및 개입 상품**: 건강보험 지원 방법 안내, 인터넷 동영상

  UCC 시리즈

- **멘토 포지셔닝**: 보청기 착용 전 유의 사항과 사용방법 및 관리

  방법 등을 알려주는 전문가

- **현재 상황**: 오프라인 영업(충주)과 온라인 영업 병행. 남아공에

  서도 상담 올 정도의 지명도

이기고자 하는 의지와 성공하고자 하는 열망,
완전한 잠재력에 도달하려는 충동이
탁월함에 이르는 문을 여는 열쇠다.

에디 로빈슨

CHAPTER 2

세일즈 고수의 원 포인트
생생 멘토링

과거의 경험이
미래의 자산 임을 잊지 말 것

불가능이라 여겨지기 때문에
우리에겐 기회가 될 수 있다.
더글러스 맥아더

.
.
.

어린이집 보육교사를 하시던 분의 사연이다. 당시 이분은 연고 판매로 방문할 곳이 더 없어 하릴없이 시간만 보내면서 점점 줄어드는 소득 때문에 의욕을 잃어 가고 있었다. 무언가 돌파구를 찾고는 싶지만, 방법을 몰라서 엄두가 나지 않아 이러지도 저러지도 못하는 상황이었다.

당시 내가 콕 집어 드린 핵심은 '자신만의 전문성을 갖춰보시라'는 것이다. 1년 차 보험설계사이니 보험 업계의 경쟁이 얼마나 치열한지 본인도 잘 알았다. 쟁쟁한 경력을 갖고 업계에 뛰어든 사람부터 별의별 사람이 있는 업계라서 '나만의 전문성'을 갖춘다는 것이 결코 말처럼 쉽지만은 않기 때문에 '현실성 떨어지는 조언'이라 생각하기 쉽다. 물론 타당한 지적이다. 없는 전문성을 당장 만들어 낸다는 것은 불가

1년 차 보험설계사입니다.
전 인맥도 연고도 많지 않고, 숫기도 없어
늘 조회가 끝나고 집에 와서 동네언니들과 놀다가 귀점하고
다람쥐 쳇바퀴 돌 듯 하루하루 보내며
이 일이 나에게 맞나 고민하고 있습니다.

전에 나름 어린이집에서 인정받는 교사였는데…
가장 아닌 가장이 되면서 더 많은 수입창출을 이루고자
영업을 선택했지만 갈수록 떨어진 급여를 보며
제 자신이 한심하다는 생각도 드네요.

어린이집보다 어린 자녀를 돌보면서 일하는 부분에선
영업만한 일이 없다는 것 알면서도 어떻게 해야 할 지 모르겠습니다.
무언가 터닝포인트를 찾고 싶습니다. 도와주세요!

새로운 일은 과거의 경험을 디딤돌로 삼는 것이 보다 효과적이다

능한 것이지만 이미 가진 경험 중에서 찾아낸다면 얘기는 달라질 수 있다. 그래서 인정받는 보육교사였던 점을 활용해보기로 했다. 어린이집 원장이나 교사들이 갖고 있을 만한 애로점 등을 누구보다 더 잘 알고 있을 것이니 목표 고객을 어린이집 관계자로 좁혀 잡으면 당장 다른 보험 영업인들보다 우월한 경쟁력 하나를 갖게 되는 것이다. 어차피 공략하지 못할 대상을 향해 영업한다는 것은 무의미한 행위다. 그러므로 성공의 가능성이 높은 쪽을 공략하는 것이 현명한 것 아닐까?

내로라하는 직장 경력과 학력을 자랑하는 보험영업인들이 많지만, 어린이집에 관해서 이 분만큼 생생하고 풍부한 경험을 가진 사람들이 얼마나 될까? 당장 목표 고객을 좁혀 잡는 것만으로도 남다른 경쟁력이 생겼다부터 문제를 해결해 나가면 방법도 보이게 된다.

 P / O / I / N / T

1 목표 고객을 좁혀 잡을 것
2 과거의 경험을 현재 경쟁 무기화하는 방법을 찾을 것

진짜 고객이 원하는 것을
파악하는 법

상황은 비관적으로 생각할 때에만
비관적으로 된다.
빌리 브란트

·
·
·

능력을 인정받고 골라 뽑혀 온 새 직장에서 생각지도 않게 가라앉아 고민하는 사연이다. 새로운 직장인만큼 고객의 목소리에 귀를 기울이는 방식으로 더 높이 날아보려던 계획은 어쩐지 벽에 부딪혀 깨져 버리고 자신감만 하루가 다르게 떨어지고 있다. 그렇다면 무엇이 가장 큰 문제점일까?

혼히 '고객의 목소리에 귀를 기울여라'라고 하지만 과연 그 말이 정답일까? 그렇게 하면 과연 세일즈는 성공적인 결과로 연결될까? 안타깝게도 현실은 그렇지 않다. 귀를 기울이는 사람이 성공하는 것이 아니라 성공하는 사람이 귀를 기울인다. 그렇다면 성공하는 사람이 귀를 기울이는 것은 어떤 것일까? 바로 무엇이 문제인지, 무엇 때문에 어려운지, 무엇이 필요한지, 어떻게 하고 싶은지 이것을 물어봐야 한 판매영업 7년차입니다.
열심히 한 덕분인지 중간중간 판매왕도 하고
스카우트 제의를 받아 이직에 성공했습니다.

이전에는 손님을 만난지 3초만에 살지 안살지
감이 왔었는데, 이직한 직장에서는 무슨 이유인지
감도 떨어지고 기존의 방식과 달라 어렵습니다.
그러다보니 상담할 때 두려움이 앞섭니다.
이직한 곳의 고객의 특성인지
상담기법이 문제인지 답이 전혀 안나오네요.

무엇보다 고객과 대화를 할 때 이전과 달리 제품의
우수성 강조보다는 공감을 하려고 하는데 잘 안됩니다.
이제껏 열정 하나로 모든 것을 극복해 왔는데 너무 괴롭습니다.
심길후 회장님 조언해주세요!

뭐가 아쉬운지 물어보면 거기에 답이 있다

다. 그게 성공하는 사람과 고객의 목소리에 진지하게 귀를 기울이지만 늘 세일즈에 실패하는 사람의 차이이다.

이것을 잡 오리엔티드Job-Oriented 관점이라고 하는데 우리가 가진 무언가로써 고객이 만족하는 것이 아니라 고객이 진정으로 원하는 것이 무언가를 확인한 후에 대처하라는 의미이다.

쉬운 예를 하나 들어보자. 공구 판매점에 와서 일반 전동 드릴과 해머 기능이 있는 전동 드릴을 만지작거리는 사람이 있다고 하자. 기존의 관점에서 보면 이 사람은 드릴 구매자이지만 잡 오리엔티드 관점에서 보면 다르게 보인다. 고객은 다른 것을 원하고 있다.

믿기 힘들다면 질문해보자. '왜 드릴이 필요하신 건가요?'라고 묻는다. 그렇다면 '커튼 봉을 달려고 하는데 구멍을 뚫어야 해서요'라고 말할지 모른다. 그렇다면 이 사람은 드릴을 사려는 것이 아니라 커튼 봉을 고정할 것이 필요한 것이다. 아주 강력한 접착제가 드릴의 대안으로 떠오를 수 있다.

고객의 말에 귀를 기울이는 것은 확실히 좋은 자세이지만 고객이 진정으로 원하는 것이 무엇인지를 살펴보는 것이 훨씬 더 중요하다. 그냥 시간을 보내거나 처음 만나는 자리가 어색해서 무의미하게 질문을 던지지 말고 직접 물어보기 바란다. 무엇이 불만인지, 아쉬운 것은 없었는지 말이다.

 P / O / I / N / T

1 질문을 가다듬을 것. 무엇이 필요하고, 어떤 것이 불편하며 아쉬운 점은 무엇이었는지에 대해 명확히 할 것

업종의 본질을 파악해야
그 분야 슈퍼리치가 된다

자기가 진보하지 않으면
세계는 진보하지 않는다.
탈무드

•
•
•

삼성그룹 이건희 회장이 그룹 계열사 중 하나인 호텔의 새로운 CEO
를 임명하기 위해서 몇 명의 후보자를 면담했을 때 다음과 같이 질문
했다고 한다.

"당신은 호텔이 무슨 사업이라고 생각합니까?"

이 질문에 후보자가 "서비스업이라고 생각합니다"라고 대답했더란
다. 다들 '당연하지'라고 생각하겠지만 놀랍게도 이 회장은 아무 말하
지 않고 세계 곳곳의 호텔들을 돌아다니게 했다. 다시 1년 후 "호텔이
무슨 사업이라고 생각합니까?"라고 질문했다. 그랬더니 이번에는 후
보자가 '부동산 임대업이라고 생각합니다'라고 대답했고 이내 미소를
띠며 그 사람을 호텔 CEO로 인사 발령을 냈다고 한다. 몇 년 지난 후,
그가 경영한 호텔은 국내 최고는 물론이고 세계 최고 수준의 호텔이

되었다.

노래방 영업 부진으로 고민하는 사람에 대한 사례에서 위와 같은 이건희 회장과 호텔 이야기를 하는 데에는 나름의 목적이 있다. 18년 동안 운영되던 노래방을 인수했다면 아마 그만한 이유가 있었을 것이다. 상당한 기간 영업했던 업장이니만큼 인근 사람들에게 충분한 인지도는 쌓여 있을 테고 전 주인이 문을 닫아둔 상태였다고 하니 권리금이 그리 비싸지는 않아서 인수를 결심했을지도 모른다.

그런데 문제는 '영업이 간신히 현상 유지하는 수준에 멈춰 있다'는 것이다. 과연 이러한 상황을 타개하기 위해서는 어떤 방법을 고민해야 할까? 업장이라는 기존의 장소를 어떻게 활용할 것인지를 원점에서부터 다시 생각해 봐야 한다. 영업이 아닌 업장을 갖고 사업을 운영하는 경우에서 역시 목표 고객을 생각해 보자.

기존의 노래방들은 사실 목표 고객이라는 개념 자체가 없다고 봐도 무방하다. 인테리어를 훌륭하게 하고, 넉넉한 시간 서비스를 준다거나 하는 것 말고는 다른 업소와 차별화할 수 있는 특별한 경쟁 요소가 없다. 지금까지의 노래방은 '목위치'이 가장 중요한 요소였다. 그런데 이 업장의 위치는 변하는 것이 아니라서 지금까지 경쟁하거나 발전의 요소를 적용한 적이 없다고 해도 크게 틀린 것은 아니었다.

찾아주는 손님들에게 서비스를 제공하고 매출을 올리며 손님이 오지 않으면 달리 방법이 없는 상황으로 마치 비가 내려야만 농사를 지을 수 있는 천수답과 다를 바 없었다. 그런데 이런 업의 특징은 역설

> 여기는 18년째 영업하는 노래방입니다.
> 시작한지는 1년 정도 지났고요.
> 2년 계약을 했는데 월세 내고 하면서 실질적으로는
> 현상 유지만 하고 있습니다.
> 제가 노래방을 운영하기 전 주인이 문을 닫은 상태에서
> 제가 겁없이 뛰어들었습니다만,
> 손님이 없습니다.
> 먹고 살아야 하는데 유지하기가 너무 힘들어 고민입니다.
> 제발 도와주세요!

생각을 바꾸면 방법도 다르게 나올 수 있다

적으로 경쟁 심리로 무장한다면 손님들이 찾아올 이유를 만들어 낼 수 있고 경쟁 업소와 뚜렷이 다르게 할 수 있다.

그렇다면 노래방이라는 공간을 어떻게 활용할 수 있을까를 기존의 고정관념에서 벗어난 과감한 발상을 해보아야 한다. 노래방 매출의 대부분이 저녁 식사 이후의 시간부터라고 한다면 나머지 시간에는 비어있는 공간이라는 뜻이다. 이 빈 시간의 빈 곳을 어떻게 판매하거나 빌려주거나 하는 방법으로 추가적인 매출을 올릴 수 있지 않을까?

여의도나 강남 같은 사무용 건물이 많이 모여 있는 곳에서는 종종 점심시간에 뷔페나 간단한 식사를 할 수 있는 음식점으로 운영하기도 한다. 술집에서 직접 운영하는 경우도 있고, 가게가 없지만, 음식 솜씨가 좋은 사람들에게 점심시간이라는 짧은 시간 동안 재임대를

주는 방법이 있다. 노래방이라고 이렇게 하지 말라는 법이 있나? 법이 금지하지 않는다면 뭐든 해볼 수 있지 않을까?

급속한 노령 인구 증가로 골머리를 앓고 있는 일본의 한 중형 슈퍼마켓은 인근에 들어선 대형 할인매장과의 경쟁 때문에 문을 닫을 위기에 처해 있다가 경제적 사정이 상대적으로 넉넉한 노인들을 대상으로 하는 노인전문 슈퍼마켓으로 변신해서 상당한 성공을 거뒀다고 한다. 아무 물건이나 판매하는 것이 아니라 고혈압에 좋은 반찬, 혈당 조절에 좋은 음식 등의 이름으로 작은 분량을 담은 포장 판매를 통해 좋은 반응을 얻을 수 있었다.

노래방도 업장이 위치한 지역의 인구통계학적 특성을 잘 파악한 다음 그중에서 목표 고객을 선정하고 고객에게 어필할 수 있는 서비스를 제공한다면 아슬아슬하게 현상을 유지하는 단계는 무난하게 벗어날 수 있을 것이다. 방법이 없다고 한탄만 하지 말고 시각을 달리해보면 문제의 해결 방법은 쉽게 나타날 수 있다.

 P / O / I / N / T

1 업장이라는 공간과 빈 시간을 판매하라.
2 목표 고객을 결정하고 맞춤형 서비스를 기획하라.

그동안 비즈니스 멘토링 사업을 하면서 얻은 수많은 성공 사례 중 극히 일부를 잠시 소개해 보았다. 역시 슈퍼리치 영업 기술인 신기루의 법칙은 앞날이 캄캄해서 절망 속에 빠져 있거나 갈피를 잡지 못해서 시간을 헛되이 보내고, 불필요한 비용의 지출을 막지 못하는 두려움에 벌벌 떨며 조심하는 사람에게 '이렇게 하면 되는구나'하는 희망과 대안을 제시해주는 최고의 비결이라 자부한다.

탁월한 인물이 가진 특성 가운데 하나는 결코 다른 사람과 자신을
비교하지 않는다는 점이다. 그들은 자신을 자기 자신, 즉 자신이 과거에 이룬
성취와 미래의 가능성과만 비교한다.
브라이언 트레이시

전력을 다하여 자신에게 충실하고 올바른 길로 나가라.
참으로 내 생각을 채울 수 있는 것은 나 자신뿐이다.
나를 변화시킬 수 있는 건 오로지 나뿐이다.
우렐리우스

잠자는 순간에도 돈이 들어오는 특별한 영업 노하우

슈퍼리치 영업의 기술

1판 1쇄 펴낸날 2020년 7월 23일
1판 4쇄 펴낸날 2022년 7월 25일

지은이 심길후
펴낸이 나성원
펴낸곳 나비의활주로

책임편집 유지은
디자인 design BIGWAVE

주소 서울시 성북구 아리랑로19길 86, 203-505
전화 070-7643-7272
팩스 02-6499-0595
전자우편 butterflyrun@naver.com
출판등록 제2010-000138호

ISBN 979-11-90865-04-3 03320